梦
情
我
爱

peng jiaxiangqing

编著

云南

山东画报出版社

图书在版编目（CIP）数据

我爱云南/商婧媛编著. —济南：山东画报出版
社，2014.2
　　（中国梦家乡情丛书）
　　ISBN 978 – 7 –5474 –1214– 5

　　Ⅰ.①我… Ⅱ.①商… Ⅲ.①云南省—概况—青年读
物②云南省—概况—少年读物　Ⅳ.①K927.4–49

　　中国版本图书馆 CIP 数据核字（2014）第 029226 号

责任编辑　许　诺
装帧设计　林静文化
主管部门　山东出版集团有限公司
出版发行

　　社　　址　济南市经九路胜利大街 39 号　邮编 250001
　　电　　话　总编室（0531）82098470　（010）61536005
　　　　　　　市场部（0531）82098479　82098476（传真）
　　网　　址　http：//www. hbcbs. com. cn
　　电子信箱　hbcb@ sdpress. com. cn
印　　刷　北京山华苑印刷有限责任公司
规　　格　165 毫米 ×225 毫米
　　　　　　12 印张　40 幅图　112 千字
版　　次　2014 年 3 月第 1 版
印　　次　2014 年 3 月第 1 次印刷
定　　价　23. 50 元

序 言 PREFACE

月是故乡明

"中国梦 家乡情"丛书出版了，可喜可贺！

对家乡故土的眷恋可以说是人类共同而永恒的情感，对家乡和祖国充满热爱与牵挂，更是具有深厚文化底蕴和历史积淀的中华民族传统美德。

"乡愁是一枚小小的邮票，我在这头，母亲在那头。"台湾著名诗人余光中的《乡愁》诗曾在海峡两岸同胞心中激起强烈的共鸣。诗人把对亲人、家乡、祖国的思念之情融为一体，表达出远离故乡的游子渴望叶落归根的浓郁而又强烈的家国情怀。纵览历史长河，历代志士文人留下了多少对家乡魂牵梦萦的不朽诗篇，激励着一代代中华儿女的爱国思乡情怀。李白的"举头望明月，低头思故乡"、杜甫的"露从今夜白，月是故乡明"，无一不是抒发浓浓的思念故土之情。

民族传统文化是一条奔流不息的长河，从古至今，绵延不绝。家乡是一棵枝繁叶茂的大树，守护着我们的生命，铭记着我们的归属。而薪火相传的家乡文化则是一方沃土，拥有着最厚重、最持久、最旺盛的生命力，滋养着一代又一代的青少年茁壮成长。中国有着九百六十万平方公里的土地和辽阔的领海，山河壮丽，幅员辽阔，物华天宝，人杰地灵。不同的地域有着不同的源远流长的家乡文化，辉煌灿烂，博大精深，特色鲜明，各有千秋。

一方水土孕育一方文化，一方文化影响一方经济、造就一方社会。在中华大地上，不同地域有着不同的自然地理环境、民俗风情习惯、政治经济情况，形成了各具特色的地域文化。中国是世界上最古老的文明国家之一，有着几千年光辉灿烂的文明历史，行政区划的历史也十分悠久。从公元前688年的春秋时期开始置县，中国的行政区划至今已有2500多年的历史。作为最高一级的行政区划单位，省级行政区域的设立和划分起源于元朝。后来不同朝代和历史时期多有调整，到目前为止，我国共有23个省、5个自治区（自治区是中国少数民族聚居地方实行民族区域自治而建立的相当于省的行政区域）、4个直辖市（直辖市是人口比较集中，在政治、经济、文化等方面具有特别重要地位的省级大城市）、2个特别行政区（特别行政区与省、自治区、直辖市同属直辖于中央人民政府的地方行政区域）、此外，台湾作为一个省份，

我爱云南

也是中国领土不可分割的组成部分。这套丛书即是以省级行政区划为单元分册编写的。

这套丛书以青少年为阅读对象，力求内容准确可靠，详略得当，行文通俗，简洁流畅，注重知识性、趣味性、可读性，让青少年较为系统地了解家乡的自然环境、山川河流、资源物产、悠久历史、杰出人物、文化遗产、民俗风情、名胜古迹、经济建设……感受祖国各地的家乡之美。通过这些文化元素的熏陶，培养青少年对祖国和家乡的朴素感情，引导青少年热爱生于斯、长于斯的这片沃土，陶冶情趣，铸造性情。希望广大青少年认真阅读，汲取这套家乡文化读本中的精华，进而树立热爱家乡、热爱祖国的决心和信念，为建设家乡、建设祖国贡献力量。

于友先

（原新闻出版总署署长）

2014年2月6日

目 录 CONTENT

第一章

七彩云南　万绿之宗

位于中国西南边陲的云南省素有"彩云之南"的美称，关于这一称呼的来源有一种说法是因其位于云岭之南而得名，这样一个称呼在勾勒着云南美轮美奂的形象的同时也为其增添了些许神秘色彩，独特的地形地貌成就了大自然的鬼斧神工,让"彩云之南"成为无数人心之所向；形态各异的山水交错纵横，变幻无穷；悠久的历史文化也为云南增添了许多神秘色彩。

∧ 云南石林——典型的喀斯特地貌

第一节　云南自然环境

一、地质、地貌、地形

　　云南地处低纬度高原，地理位置特殊，地形地貌复杂。云南的地貌，以云南元江谷地和云岭山脉南段的宽谷为界，全省大致可以分为东西两大地形区。

　　云南东部为滇东、滇中高原，称云南高原，属云贵高原的西部，云南平均海拔在2000米上下，这里主要是波状起伏的低山和浑圆丘陵，发育着各种类型的岩溶地貌，其中有著名的云南石林、丘北普者黑、

从空中俯瞰金沙江峡谷地貌>

七彩云南　万绿之宗

罗平多依河、宜良九乡溶洞、建水燕子洞、泸西阿庐古洞等风景旅游区。云南西部为横断山脉纵谷区，高山与峡谷相间，云南地势雄奇险峻，其中以三江并流最为壮观。 在全云南省起伏纵横的高原山地之中，断陷盆地星罗棋布。云南这些盆地又称"坝子"，地势较为平坦，有河流通过，土壤层较厚，多为经济发达区。

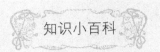

知识小百科

鬼斧神工的溶洞奇观——云南九乡

九乡溶洞群堪称世界奇观，其形成的机理就是由于强烈的喀斯特作用。在这里，巨大的洞室、洞穴系统是地表水及地下水溶解碳酸盐岩的结果，而洞穴中堆积的色彩斑斓的钙华堆积，则是地下水中碳酸钙沉淀堆积的结晶。

麦田河两岸不同海拔高度上发现有溶洞近百个。大峡谷景观，整个洞穴系统的景观反映出强烈的水动力侵蚀特征。如地下大峡谷的洞体形态，为世所罕见的地下洞穴奇观；荫翠峡一线天：峡长千米，两岸峭壁，奇岩怪石，古树青藤，清幽迷人；雄狮大厅景观：大厅长宽跨径达200米，面积约15000平方米，是宽广的地下广场，洞顶为一完整平滑之岩层面。形成的顶盖，犹如月球表面；九乡溶洞群落散着无穷的美感和魅力，从一个洞逶迤至另一个洞，从一个洞盘旋至另一个洞，展露着一系列令人难以置信的地质构造特点和让人瞠目的奇异景观。

云南也是一个很大的地质博物馆。禄丰县的早期侏罗纪地层中曾出土大量蜥脚类恐龙化石，留存较为完整，现已在县城建成恐龙博物馆供游人参观。另外，澄江县的帽天山更是地质界中的"明星"，因为这里出土了数量多、种类丰富、留存完好的寒武纪多细胞生物的化石，有力地证明了"寒武纪生物大爆炸"的存在。昆明市东川区也是全国

我爱云南

∧腾冲火山遗址柱状节理

闻名的"泥石流博物馆"，早期这里因为大规模不科学地开采铜矿，再加上气候、地形等原因影响，形成了较大规模的泥石流频发地段，泥石流现象比较典型。

二、气候特征

　　云南地处低纬度高原，地理位置特殊，地形地貌复杂，主要受南孟加拉高压气流影响下形成的高原季风气候的影响，全省大部分地区呈现冬暖夏凉、四季如春的气候特征，一年之中云南的天气都让人觉得舒适自在，是个避暑避寒的好地方。全省气候类型丰富多样，有北热带、南亚热带、中亚热带、北亚热带、南温带、中温带和高原气候区共7个，同时又有着低纬气候、季风气候、山原气候的特点。如此丰富的气候类型形成了云南独特的气候特征：

　　一是气候的区域差异和垂直变化十分明显。"一山分四季，十里不同天"，正是对云南"立体气候"的最好的描述；二是年温差小，日温差大。夏季，最热天平均温度在 19℃−22℃左右；冬季，最冷月平均温度在 6℃−8℃以上。年温差一般为 10℃−15℃，但阴雨天气温较低。一天的温度变化是早凉，午热，尤其是冬、春两季，日温差可达 12℃−20℃；三是降水充沛，干湿分明，分布不均。冬季降水稀少，夏季潮湿闷热，降水充沛。在小范围内，由于海拔高度的变化，降水的分布也不均匀。

∧ 春天的昆明

三、行政区划与历史沿革

云南的历史十分悠久，是人类重要的发祥地之一，生活在距今170万年前的云南元谋猿人，是迄今为止发现的我国和亚洲最早的人类。元谋、滇池、洱海地区大量的从旧石器到新石器时代的文化遗址，证明原始社会时期的云南和内地有着密切的联系。此后云南的历史大体上经历了滇国时代、秦汉时代、爨氏时代、南诏—大理国时代、元明清三代、民国及抗战时期，直到1949年12月云南宣告和平解放。

云南解放时，全省共有14个地区行政单位（13个行政督察区，1个省辖市），138个县级单位，其中112个县、8个市辖区、16个设治区(局)、2个对汛督办区。解放以后云南行政建制进行了调整，分为地区、县、乡3级，但各级行政区的名称和区域范围多次变更。

云南解放后，设立专区行政建制。1950年共设12个专区、1个专区级市，即昆明市，武定专区（驻武定县）、昭通专区（驻昭通县）、曲靖专区（驻曲靖县）、宜良专区（驻宜良县）、楚雄专区（驻楚雄县）、玉溪专区（驻玉溪县）、蒙自专区、文山专区、宁洱专区、大理专区、保山专区、丽江专区。专区是省派出机关，负责省与县之间的行政事务。

从1953年开始，为贯彻我国的民族政策，在全省少数民族聚居区建立专区级民族自治地方建制。先后建了8个自治地级单位。

截至2011年7月，云南省下辖地级市8个，包括昆明市、曲靖市、玉溪市、保山市、昭通市、丽江市、普洱市和临沧市；少数民族自治州8个，包括楚雄彝族自治州、大理白族自治州、红河哈尼族彝族自治州、

七彩云南　万绿之宗

文山壮族苗族自治州、西双版纳傣族自治州、 德宏傣族景颇族自治州、怒江傈僳族自治州和迪庆藏族自治州。其下管辖的市辖区 13 个、县级市 11 个、县 76 个、少数民族自治县 29 个。

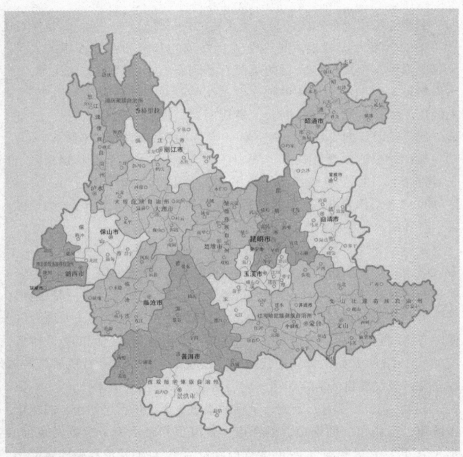

∧ 云南政区图

第二节 姿态各异、变化无穷的山

　　云南的山是十分美丽的，云南的大山可以改变许多人对于山的观念，它们不是在广袤的平原上垒起来的小土堆，不是漓江边上窈窕淑女似的石头雕塑，它们雄伟壮丽，高耸入云，有的山顶积雪终年不化。当飞机飞过云南的上空，或是当你站在山顶向远处眺望，你会惊奇地发现这些大山酷似大海的滔天巨澜，颠连起伏地从你的面前铺展出去，向远处延伸，直到与遥远的天涯相接，再也望不到边际，又犹如变幻莫测的大海，颜色变幻，绮丽多彩。

一、苍山

　　苍山，又名点苍山，是云岭山脉南端的主峰，由十九座山峰由北而南组成，北起洱源邓川，南至下关天生桥。苍山十九峰，巍峨雄壮，与秀丽的洱海风光形成强烈对照，其峰自北而南依次为：云弄、沧浪、五台、莲花、白云、鹤云、三阳、兰峰、雪人、应乐、观音、中和、龙泉、玉局、马龙、圣应、佛顶、马耳、斜阳。这些山峰，海拔一般均在 3500 米以上，有七座山峰海拔高达 4000 米以上，最高的马龙峰海拔 4122 米。苍山十九峰，每两峰之间都有一条溪水奔泻而下，流入洱海，这就是著名的十八溪。

雄伟壮丽的苍山横亘大理境内，山顶白雪皑皑，银妆素裹，人称"苍山雪"。由于海拔较高，在峰顶异常严寒，终年白雪皑皑，在阳光下晶莹洁白，蔚为壮观。经夏不消的苍山雪，是素负盛名的"风花雪月"之最。

二、梅里雪山

梅里雪山又称雪山太子，处于世界闻名的金沙江、澜沧江、怒江"三江并流"地区，北连西藏阿冬格尼山，南与碧罗雪山相接。梅里雪山主峰卡瓦格博峰是云南第一高峰，为藏传佛教宁玛派分支伽居巴的保护神。峰型犹如一座雄壮高耸的金字塔，时隐时现的云海更为雪山披上了一层神秘的面纱。被誉为"雪山之神"的卡瓦格博峰作为"藏区八大神山之一"，享誉世界。

梅里雪山以其巍峨壮丽、神秘莫测而闻名于世，早在上世纪 30 年代美国学者就称赞卡瓦格博峰是"世界最美之山"。卡瓦格博峰下，冰斗、冰川连绵，犹如玉龙伸延，冰雪耀眼夺目，是世界稀有的海洋性现代冰川。　山下的取登贡寺、衮玛顶寺是藏民朝拜神山的寺宇。每年云南、西藏、四川、青海、甘肃的藏民都要前来朝拜，有浓郁的藏族习俗，是人们登临探险的旅游圣地。

卡瓦格博峰的南侧，还有从千米悬崖倾泻而下的雨崩瀑布，在夏季尤为神奇壮观。因其为雪水，从雪峰中倾泻，故而色纯气清；阳光照射，水气蒸腾若云雾，水雾又将阳光映衬为彩虹。雨崩瀑布的水，在朝山者心中也是神圣的，他们潜心受其淋洒，求得吉祥之意。雪山的高山湖泊、茂密森林、奇花异木和各种野生动物也是雪域特有的自然之宝。

梅里雪山＞

高山湖泊清澄明静，在各个雪蜂之间的山涧凹地、林海中星罗棋布，且神秘莫测，若有人高呼，就有"呼风唤雨"的效应，故而路过的人几乎都敛声静气，不愿触怒神灵，完好、丰富的森林则是藏民们以佛心护持而未遭破坏的佛境，常年不化的积雪和历史悠久的佛教文化迎接着远方的来客，为他们净化心灵、洗涤尘埃。

三、玉龙雪山

　　玉龙雪山位于云南省丽江市玉龙纳西族自治县，是中国最南的雪山，也是横断山脉的沙鲁里山南段的名山。雪山山腰云腾雾绕，远望像一条银白色的巨龙，因此得名，它世世代代为纳西族的神山和聚居

<玉龙雪山

地之一；纳西族人称雪山为"波石欧鲁"，意为"白沙的银色山岩"。

　　玉龙雪山以险、奇、美、秀著称于世，气势磅礴，玲珑秀丽，随着时令和阴晴的变化，有时云蒸霞蔚，玉龙时隐时现；有时碧空如水，群峰晶莹耀眼；有时云带束腰，云中雪峰皎洁，云下岗峦碧翠；有时霞光辉映，雪峰如披红纱，娇艳无比。山上山下温差明显，植被情况是其最直接显标。诗人志岁《玉龙雪山脚下暖笔兼示爱女闻娃》这样写道："玉龙名山，终年雪与天齐。云不恋峰，岭岭若洗；巉岩如剑，疑是风劈。正苦万里无生机，不似南国活地。泠流引我向人寰，蓦尔惊醒，猛然诧异——但使身边有泥土，不经意间，芳草萋萋。"

　　玉龙雪山是纳西族及丽江各民族心目中一座神圣的山，纳西族的保护神"三朵"就是玉龙雪山的化身，至今丽江还举行每年一度盛大的"三朵节"。唐朝南诏国异牟寻时代，南诏国主异牟寻封岳拜山，曾封赠玉龙雪山为北岳。元代初年，元世祖忽必烈到丽江时，曾封玉龙

我爱云南

雪山为"大圣雪石北岳安邦景帝"，至今白沙村北北岳庙尚存，仍然庭院幽深，佛面生辉，拜山朝圣者不绝于途。玉龙雪山凭其迷人的景观、神秘的传说和至今尚是无人征服的处女峰而令人心驰神往。

四、鸡足山

在祖国的西南边陲，在茫茫云岭高原之巅，在红土蓝天间悠悠飘荡的白云之外，矗立着一座伴日月、擎青天的巍峨青峰。他就是享誉南亚、东南亚，自古与五台、峨眉、普陀、九华山齐名的佛教圣地，中国五大佛教名山之一云南鸡足山。

鸡足山雄踞于云贵高原滇西北宾川县境内西北隅，西与大理、洱源毗邻，北与鹤庆相连，山势背西北而面东南，前列三峰，后拖一岭，形如鸡足而得名。鸡足山在中国和东南亚享有盛名，同时又是著名的风景名胜区，东南亚著名佛教圣地，中国汉传、藏传佛教交汇地和世界佛教禅宗发源地，素有"鸡足奇秀甲天下"、"灵山佛都、旅游胜地"、"天开佛国"、"华夏第一佛山"等美誉，以"四观八景"的奇风异彩名冠于世，被国务院列为全国四十四个风景名胜区之一。

鸡足山苍崖万仞，猿踞猱攀，翠微千里，高峻险拔，广阔无际。如前人所绘"山势壮高，高插云汉；古木参天，绿荫生寒；幽谷阴沉、深不见底；壁峭悬崖，望之股栗；瀑布飞溅，白练悬空；万壑松涛，狂风突起。登天柱峰睹佛光，使人入虹云仙境；站华首门听晴雷，震声只隔半溪云"。是造化钟灵毓秀之地，令人震惊，令人留恋。

<鸡足山

五、通海秀山

通海秀山位于云南玉溪通海县城南隅，始建于西汉元鼎元年（前116），唐谓秀山，宋名普光山，元、明称玉隐山，清代又恢复了秀山之名，民国二十六年(1937)始名秀山公园。风景秀美的自然风光以及别具匠心的楼亭寺庙的设计为它迎来了"秀甲南滇"的美誉，成就了以秀命名、以秀著称的通海秀山。

秀山脚下，是"家家养花，户户对联"的通海县城，这个滇中小城因兴文学、习礼仪，被清朝乾隆皇帝赐封为"礼乐名邦"。秀山，山连着城，城连着山，在山和城的前面环绕着一个碧绿剔透的杞麓湖，构成"弧城临水背依山，一城山色半城湖"的云岭江南。这个山川秀美、山环海绕的地方，早在两千多年前就被称作毑国，也就是美丽的山水国。山连城，城环湖，山中秀气与郡里文风浑然一体，孤峰秀色与百里洞庭相映成趣，湖光山色相得益彰，把秀山陪衬得更加秀丽超群。

秀山山上所有的建筑都挂满了名匾名联，形成一道灿烂的景观，

我爱云南

通海秀山＞

被称为"匾山联海"。在《中华名匾》一书中，云南的名匾有 22 块，秀山就占了 8 块。历代文人墨客路过通海登秀山，一赏秀山风光，二读秀山匾联，在众多的匾联中清代书法家阚祯兆的题书《秀山古柏行》文采风流，笔墨潇洒，是名冠滇中的诗文书法，被誉为云南的《兰亭集序》。明朝状元杨慎的诗匾，文辞优美，情感交错，运笔洒脱。此外，王文治、许宏勋、赵诚、钱南园、朱德、赵朴初等等名家之作各显千秋，传颂千古，这些数不胜数、不同朝代的墨宝使秀山成了彩云之南诗文、书法艺术的卢浮宫。到秀山品读一副匾联能让人追溯一段遥远的历史，看到一个圣贤的身影，聆听一段美丽的故事，体悟一段深刻的哲理。在秀山品读一副匾联是一次人生美学历险，是一次人与自然的和谐共鸣，匾山联海这道灿烂的景观，使秀山秀外慧中。

秀山至今还保留着原始的植物群落，百年老树随处可见，古树蔓藤龙缠凤绕，是一个古树王国。这里有宋朝的西柏，元朝的香杉，明朝玉兰、山茶和许许多多密密麻麻不同年代不知姓名的树种。这些古老的大树干上都长满了厚厚的绿绿的青苔。秀山荫荫的林木和古树，

七彩云南　万绿之宗

从春到冬，从山顶至山脚都是幢幢如盖，青翠欲滴，把所有的庭院小径都变得幽邃神奇。无论你到哪里，绿，处处跟着你，笼罩着你，抬眼是一望无际的青山，低头是满目的绿色在你的脚下向四周蔓延，用手一摸，手上就好像染上一层绿色，感到特别的滋润，你深深地吸口气都能尝到清爽醉人的绿。这种绿让秀山秀色可餐。

　　到秀山，你会遇上一道迷人的风景，那就是被誉为"中华古乐一绝"的通海妙善学女子洞经礼乐。洞经礼乐是在千百年的历史进程中，从民俗祭祀活动遗留下来的精髓，因其曲风古朴优雅被称为东方古典交响乐。通海女子洞经礼乐，是 1941 年通海的 18 名妙龄少女，为艺术和音乐决心终身不嫁，一世修贞，静心习乐六十多个春秋，在云南洞经音乐史上创下的奇迹。今天这些爱乐女子们最年轻的已 76 岁，最大的已 81 岁，依旧吹拉弹唱自如。

第三节　碧波荡漾的江河湖水

一、六大水系　风光各异

　　云南江河纵横，水系十分复杂。全省大小河流共 600 多条，其中较大的有 180 条，多为入海河流的上游。它们集水面积遍于全省，分别属于六大水系：金沙江－长江，南盘江－珠江，元江－红河，澜沧

江－湄公河，怒江－萨尔温江，独龙江、大盈江、瑞丽江－伊洛瓦底江；分别注入三海和三湾：东海、南海、安达曼海，北部湾、莫踏马湾、孟加拉湾；归到两大洋：太平洋和印度洋。六大水系中，除南盘江—珠江、元江—红河的源头在云南境内，其余均为过境河流，发源于青藏高原。六大水系中，南盘江—珠江、金沙江－长江为国内河流，独龙江、大盈江、瑞丽江—伊洛瓦底江和怒江、澜沧江、元江是国际河流，分别流经老、缅、泰、柬、越等国入海。如此复杂的水组合是其他省区所没有的。云南江河的另一特点是其流向由北向南，与国内多数江河由西向东的流向不同。

知识小百科

三江并流

三江并流的特有景观 >

三江并流是指金沙江、澜沧江、怒江并肩在崇山峻岭中奔流。三江并流位于滇西北青藏高原南延的横断山脉纵谷地区，包括怒江州、迪庆州、丽江市、大理州的部分地区。三江并流共同孕育了数千年的"江边文化"。

二、高原湖泊,天然独特

由于云南具有独特的地形地貌,形成众多的天然湖泊,其中面积在 30 平方公里以上的有:滇池、洱海、抚仙湖、泸沽湖、星云湖、杞麓湖、呈海、异龙湖、阳宗海等九个高原湖,简称为云南九大高原湖泊。

1.滇池——高原明珠

滇池又称昆明湖、昆明池,因周围居住着"滇"部落或有水似倒流、"滇者,颠也"之说,故曰"滇池",它是云南省最大的淡水湖,素有高原明珠之称,是昆明风景名胜的中心,置身于滇池既可环湖探访石器时代的遗址,追寻古滇王墓的踪迹,探索云南文化摇篮的奥秘;又可在岸上游览西山、白鱼口、郑和故里、盘龙古寺、官渡金刚塔等十几处名胜古迹;还可以深入环湖海口、昆阳、晋宁、呈贡、官渡、黑

＜滇池

我爱云南

林铺等大小城镇考察风俗民情。五百里滇池的岸边，游览胜景甚多：海埂湖滨公园、西园别墅、龙门村、观音山、白鱼口。

滇池风光秀丽，碧波万顷，风帆点点，湖光山色，令人陶醉。四周有云南民族村、云南民族博物馆、西山华亭寺、太华寺、三清阁、龙门、筇竹寺、大观楼及晋宁盘龙寺、郑和公园等风景区。

2. 洱海

洱海，古代文献中曾称为叶榆泽、昆弥川、西洱河、西二河等，位于云南大理市区的西北，为云南省第二大淡水湖，是大理"风花雪月"四景之一"洱海月"之所在。据说因形状像一个耳朵而取名为洱海。洱海水质优良，水产资源丰富，同时也是一个有着迤逦风光的风景区。

从空中往下看，洱海宛如一轮新月，静静地依卧在苍山和大理坝子之间。洱海属断层陷落湖泊，湖水清澈见底，透明度很高，自古以来一直被称作"群山间的无瑕美玉"。传说在海底生长着一棵硕大无比的玉白菜，这碧波莹莹的湖水，就是一滴滴从玉白菜的心底沁涌出来的玉液。洱海位于大理市境内，是白族人民的"母亲湖"，白族先民称之为"金月亮"，是一个风光秀媚的高原淡水湖泊。

3. 抚仙湖

抚仙湖位于澄江县以南5公里处，距离昆明70多公里，是中国最大的深水型淡水湖泊，珠江源头第一大湖。

沿湖山川秀丽，胜景很多。西面的尖山平地拔起，因其状如玉笋，雄伟峻峭被称为"玉笋擎天"；东部有温泉，当地称为热水塘，热水塘位于澄江县海口镇，泉口甚多，从山脚一直延伸到湖底，涌水量大，水温一般在40℃左右，水质含硫，是沐浴、疗养的理想之地；东北面

<＜抚仙湖

的回龙山如大象长鼻，故称象鼻岭；南面山间的海门河，长一公里多，隔山连江川的星云湖，河中段有一堵伸到水面的赭色石壁，称界鱼石，古往今来，界鱼石曾吸引无数游人，现已辟为公园，供人们游览。离界鱼石西侧100多米处，还有一座始建于明天顺四年（1460）的海门桥，无桅杆的木船可从桥下穿行于于星云湖、抚仙湖间，欣赏着岸边风景和那精雕细刻被岁月洗涤的桥身。

4.泸沽湖

泸沽湖古称鲁窟海子，又名左所海，俗称亮海，位于四川省凉山彝族自治州盐源县与云南省丽江市宁蒗彝族自治县之间。湖边的居民主要为摩梭人，也有部分纳西族和普米族同胞居住。

泸沽湖素有"高原明珠"之称。湖中各岛亭亭玉立，形态各异，林木葱郁，翠绿如画，身临其间，水天一色，清澈如镜，藻花点缀其间，缓缓滑行于碧波之上的猪槽船和徐徐飘浮于水天之间的摩梭民歌，使其更增添几分古朴、几分宁静，是一个远离嚣市、未被污染的处女湖，它宛如一颗洁白无瑕的巨大珍珠镶嵌在祖国的西南部，它那如诗如画的旖旎风光，亘古独存的母系氏族遗风民俗，基督教中的"诺亚方舟"，

我爱云南

泸沽湖 >

喇嘛教的暮鼓晨钟，是那样的惹人瞩目，充满着神秘的民族风情，让人不自觉地将目光投向这块神秘的土地。

在这里，古朴的礼仪、独特的风俗宛如一个个美丽动人的故事，一首首悠扬动听的牧歌，女儿国的婚俗、歌舞、美丽的民族服饰令人醉心其间，流连忘返；那远近悠扬的"阿哈巴拉"，如巨龙滚动的甲搓令人动容。

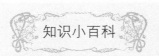

知识小百科

有关泸沽湖摩梭人来历的传说

相传很久很久以前，有一对少年情侣得道成仙，但他们只有乘坐一匹神马才能上天。这对仙侣同乘神马来到滇北高原，被这里的风光所迷，决定在这里生活下去。美丽的姑娘心地十分善良，她见到当地穷人非常可怜，就伸出手来帮助他们，而且不避男女嫌疑。结果她的情郎生气了，几次争吵后，情郎独自骑马飞上了天空离她而去。在神马升空的一刹那间，马蹄把高原踏出了一个大坑。想不到的是，青年竟无法回到人间，少女因为没有神马无法上天。于是少女悲痛欲绝，泪水长流，流满了马蹄坑，便形成了今天的泸沽湖。后来，少女的泪水流干了，她发誓，今生只和有情人来往，一旦情断意绝就分手重找阿夏（情人）——走婚习俗就这样出现了——这少女就是摩梭人的祖先。

5. 星云湖

　　星云湖位于江川县城北一公里处，与抚仙湖仅一山之隔，一河相连，俗称江川海。由于湖水碧绿清澈，波光妩媚迷人，月明之夜，皎洁的月光映照湖面，如繁星闪烁，坠入湖中，晶亮如云，故而取名为星云湖。

　　星云湖湖湾多，湾弧深，鱼草繁茂，岸边柳树芦草成行。星云湖水面十分平静，湖湾垂钓十分便利，它与抚仙湖同定为省级旅游度假区，湖水已为4级，属营养性湖泊，是水产养殖的天然场所。湖内主要鱼类有20种，闻名全国的"江川大头鱼"就产于星云湖，头大肉肥，味道鲜美，为湖中名贵鱼类。星云湖湖底平缓，水深适中，浮游动物、浮游生物和底栖生物丰富，因而所产鱼类不但数量多，生长快，而且质量特别高。星云湖周围有温泉两处，落日余晖中泛舟湖上，或是置身于温泉之中感受着舒适的水温，洗去疲惫和烦恼，留住悠然和平静，恰是别有一番滋味在心头。

6. 异龙湖

　　云南省八大高原湖泊之一的异龙湖，是石屏人民的母亲湖，属省级风景名胜区。进入盛夏，湖内荷花争奇斗艳，清香远溢，吸引了众多游人前来旅游观光，荷花已经成为石屏县一项不可或缺的重要旅游资源。

　　异龙湖及湖畔，风景名胜极多。岛上遍植花木，环境清幽，湖四周良田绵延，荷池飘香。大水城上的海潮寺，小水城上的后乐亭以及来鹤亭、白浪水月寺、龙港广胤寺、五爪山罗色庙，湖北边的乾阳山等都是佳景，其中以来鹤亭为最。一年四季，流云渡水，江河满映，好一片旖旎风光，不愧其"第二西湖"的美称。

第二章

红土高原　资源丰厚

　　得天独厚的自然条件给云南带来了丰富的资源，赋予云南以"动物王国"、"植物王国"、"药材之乡"、"有色金属王国"等美誉，同时还有着"红土高原"、"红土地"之称。云南有着享誉海外的土特产，以及开发利用前景广阔的水资源。

∧ 东川红土地

第一节　丰富的水资源与巨大的水能

　　云南省地跨六大水系，有 600 多条大小河流，正常年份水资源总量 2222 亿立方米，加上此地受温带季风性气候的影响，降水十分充沛，根据 1956—1979 年资料，平均年降水量为 4820.8 亿立方米，河川径流量 2222 亿立方米，折合平均径流深 580.0 毫米，平均每平方千米产水 58 万立方米。地下水资源量经 1983 年对 118 个富水地段和 50 个主要盆地进行勘探，为 742 亿立方米／年。冰川雪山静贮水量约 10 亿立方米。湖泊静贮水量近 300 亿立方米。从西藏、四川、贵州、广西四省区入省水量 1845.8 亿立方米，从缅甸、老挝、越南等邻国流入 97.2 亿立方米。水资源总量即河川径流量与过境水量之和为 4165.0 亿立方米。人均和亩均占有水量均高于全国。其中金沙江、澜沧江、怒江等水系可供开采潜力巨大。大自然如此的眷顾，使得云南的水资源位列全国第三，仅次于西藏、四川两省区，人均水资源超过 10000 立方米，是全国平均水平的四倍。

　　由于独特的高原地形，地势起伏较大，云南省的河流落差都很大，蕴藏有巨大的水能资源，云南省的水能资源主要分布于云南西部和北部，东部和南部次之，中部地区比较少。82.5% 蕴藏于金沙江、澜沧江、怒江三大水系，尤以金沙江蕴藏量最大，占全省水能资源总量的 38.9%。　水能资源理论蕴藏量为 10364 万千瓦，可开发的装机容量为

红土高原　资源丰厚

9000 多万千瓦，年发电量为 3944.5 亿度，云南省参与的"西电东送"工程大部分的电能都来自环保的水能发电。

"三江"及其在州内的 100 多条大小支流，由于地势险陡，天然落差大，加上雨量充沛，地表径流量大，水能资源极为丰富，全州年平均降水量为 286 亿立方米，加上"三江"过境水量，总径流量为 873 亿立方米，占全省的 21%。全州水资源总量为 260.2 亿立方米，水能蕴藏量为 1226 万千瓦，占全省总蕴藏量的 11.6%。可供开发的水能资源装机容量为 857 万千瓦，年发电量为 741.04%。特别是怒江，流量大、水质好、落差高、移民少，具有梯级开发大型水电站的条件。目前，水能资源利用率极低，发电量仅占 0.6%，在水能资源利用上还是一个未开发的处女地。

∧ 建设中的向家坝水电站

第二节 上帝遗落的调色板—东川红土地

云南地处温暖湿润的环境，土壤里的铁质经过氧化慢慢沉积下来，逐渐形成了炫目的色彩。在位于昆明市东川区西南四十多公里的新田乡有一名叫"花石头"（在109公里里程碑处）的地方，方圆近百里的区域内有着云南红土高原上最集中、最典型、最具特色的红土地。每年的9月至12月，一部分的红土地翻根待种，另一部分的红土地已经种上了绿绿的青稞、小麦和其他的农作物，一阵风吹过，这些作物和

∧ 东川红土地

红土高原 资源丰厚

土地的颜色交织在一起，再衬以蓝天白云和变幻莫测的光线，远远看去就像上帝遗落在人间的调色板，色彩绚丽斑斓却浑然天成没有一丝雕琢的痕迹。

东川红土地被认为是全世界除巴西里约热内卢外最有气势的红土地，而其景象比巴西的红土地更为壮美，像是被天地塌陷后的熊熊天火猛烈地燃烧过，呈现出一种极致的艳丽色彩，无法用言语形容的美丽。这里已经成为摄影爱好者捕捉最美镜头的摄影胜地，层层叠叠的梯田里，火红的土壤上，一年四季洋麦花、荞子花、土豆花、泹菜花和萝卜花交替开放，色彩斑斓，鲜艳浓烈的色块一直铺到云里、雾里、天边，农民随意耕作的庄稼，织就成一幅幅水彩画。火红的泥土、翠绿的菜地、独一无二的形状，以及优美线条令人惊叹震撼、如梦如幻。

红土地最适合摄影的季节是5-6月和9-12月，不同的季节可以看到不同的景色，夏季土豆花开，小麦成熟，秋天云南特有的白色油菜花也已盛开，色彩异常的丰富。据当地人说，雨后第三天是红土地最美的时候，被雨水浇透的土地在阳光下色泽更为丰润。大雨之后云开雾散，艳阳高照，天空越发蓝得动人，云彩变换着不同的姿势，投在田间的光影不时幻化，每一秒钟都是一个全新的画面。运气好的时候，还可以看到彩虹与红土地连为一体，于是，天上一条彩虹，地上一片彩虹。行走在松软湿润的红土地上，极目眺望，那土那田在雨水的滋润下色泽果然如油般浓厚，明艳透亮，色色分明。红色越发浓烈，绿色更加艳丽，黄色格外耀眼，白色一片纯净……田间农民劳作的身影，一举一动都像是艺术，更像是在创造艺术，眼看那斑斓的色块在他们的手中渐渐形成又慢慢改变，光影的流动间记录着世间最动人的艺术片。

第三节 动植物的王国

一、植物王国

∧昆明植物园

红土高原 资源丰厚

云南是全国植物种类最多的省份，素有"植物王国"的美誉。几乎集中了从热带、亚热带至温带甚至寒带的所有品种。在全国约 3 万种高等植物中，云南省有 274 科，2076 属，1.7 万种。在众多的植物种类中，热带、亚热带的高等植物约 1 万种，中草药 2000 多种，香料植物 69 科，约 400 种。有 2100 多种观赏植物，其中花卉植物 1500 种以上，不少是珍奇种类和特产植物。全省的森林面积 1.43 亿亩，木材总蓄积量 9.88 亿立方米，是我国四大林区之一。盛产烟叶、三七、天麻、杜仲、砂仁、胡椒等药材和热带、亚热带水果。烤烟、卷烟产量位居全国第一，烟的财政收入约占省财政的三分之二，同时拥有丰富天然香料和油料植物。其中主要的特色物种有：望天树、跳舞草、丽江云杉、橡胶树、油棕、三七、马尾松、云南松等。

二、野生动物的栖息地

< 野生动物园的大象

我爱云南

由于云南独特的气候和地理环境，这里供养了种类繁多的野生动物栖息。形成了寒温热带动物交汇的奇特现象。在那浓密幽深不同类型的森林里，在那辽阔起伏的山野上，栖息着种类繁多的动物。有些珍禽异兽，在国内仅云南才有，许多经济价值较高的动物种类，云南的产量居全国之首。云南有脊椎动物达 1638 种，占全国的 54．9%，其中哺乳类 259 种，占全国的 55．1%；鸟类 776 种，占全国的 65．4%；淡水鱼类 366 种，占全国的 45.7%，两栖类 92 种，占全国的 43．8%；爬行类 145 种，占全国的 45.6%；昆虫类，全国见于名录的有 75000 种，云南就有 13000 多种。

∧昆明植物园

红土高原　资源丰厚

云南省被列为国家保护的动物有 132 种，占全国的 55%。其中一类保护动物 37 种，占全国的 38%，如滇金丝猴、白眉长臂猿、亚洲象、印度野牛、白尾梢红雉、双角犀鸟、黑颈鹤等；二类保护动物 42 种，占全国的 46%，如熊狸、灰叶猴、小灵猪、雪豹、鸳鸯、白腹锦鸡、绿孔雀、巨蜥等；三类保护动物 68 种，占全国的 64.8%，如灵麝、鬣鹿、大灵猫、青羊、血雉、灰鹤、大壁虎等。这些动物中，滇金丝猴、亚洲象、华南虎、野牛、白眉长臂猿、扭角羚、黑麝、红斑羚、灰头鹦鹉、大绯胸鹦鹉等在我国为云南所独有。故云南被誉为"动物王国"。

第四节　云南的矿产资源和能源

云南被称为"有色金属王国"，铝、锌、锡的保有储量居全国第一位，铜、镍金属保有储量居全国第三位。在贵金属、稀有元素矿产中，铟、铊、镉保有金属储量居全国第一位，银、锗、铂族金属储量居全国第二位；其它矿产资源也极为丰富，在能源矿产中，煤炭保有储量居全国第九位；在化工原料矿产中，磷、盐、芒硝、砷、钾盐、硫铁矿、电石用灰岩、化肥用蛇纹岩等八种矿产的储量，居全国前十位。云南已形成了一批以有色金属为主的，具有一定规模的矿产资源采、选、冶工业，是国家重要的锡、铜和磷肥生产基地。

云南是中国有色金属重要生产基地。其中，个旧锡矿驰名世界，产量居全国第一位，享有"锡都"称誉；东川、易门、永胜为主要铜产地。

东川铜矿所产的铜色泽如银，称"云铜"。兰坪铅锌矿储量大而集中，品位高而易开采，冶炼规模也较大，其次为会译等地。钢铁工业中，以钢、生铁、钢材产量增长最快。其中优质和小型型材基本自给有余。安宁附近的昆明钢铁厂已发展成为包括采矿、炼铁、炼钢、轧钢等部门的中型钢铁联合企业。

云南的能源矿产以煤炭为主，基本没有油气，煤炭资源有区位优势，是云南省开发利用的主要矿产之一。

第五节　享誉海内外的土特产

一、普洱茶

普洱是云南省南部的一个县，是茶叶的加工集散地；普洱茶产于云南省南部西双版纳自治州和澜沧江沿岸各县，多经普洱运销各地，普洱茶即因此而得名。早在古代茶马古道那一段历史中，普洱茶属绿茶类，有散茶和紧茶两种，均用优良的云南大叶茶的鲜叶作原料，经过杀青、揉捻、干燥后，茶则是经过蒸软或炒软后的散茶，再装入模型内压制成各种沱茶、饼茶、方茶、砖茶等，有史以来久负盛名。《红楼梦》中的"女儿茶"就是普洱茶中的一种。据清朝阮福在《普洱茶说》中写道："小

<优质普洱茶茶汤颜色明亮

而圆者名女儿茶，女儿茶为妇女所采，于雨前得之，即四两重圆茶也。"
何谓"七子饼茶"？普洱茶中大而圆的饼茶，以七饼装成一筒，俗称"七
子饼茶"，其以汤色黄而明亮，香气浓郁持久，滋味醇厚爽口而著称。

　　普洱茶多酚含量丰富，并有多种微量元素和维生素，有解渴、除
烦去腻、明目、清心、暖胃、提神、消食、散寒、解毒等作用，对人
体十分有益。据近代科学研究证明："普洱茶可以减肥、健体、强身和
防治一 些疑难慢性病。"所以普洱茶在国外市场有很高声誉。主销美国、
日本、马来西亚、新加坡、英国、法国、荷兰、德国等五十多个国家
和港澳地区。

　　普洱茶有六大奇特之处：（1）产地奇：经历了由地名命名而发展
为专门茶类的一种茶叶。普洱茶原是产于云南普洱府所在地，并在普洱
集散的茶叶。（2）品种奇：茶树鲜叶为普洱茶变种，即云南大叶种茶树
的鲜叶。（3）原料奇：是以云南大叶种晒青毛茶为原料，经过后发酵而成。
后发酵的途径有两种：一种是自然存放，长时间的缓慢自然发酵，这
样变成的普洱茶叫传统普洱茶；一种是用晒青毛茶经过人工促成后发

我爱云南

酵办法生产的普洱茶及其压制成型的各种紧压普洱茶，叫现代普洱茶或熟普。（4）形状奇：普洱茶除散茶外，紧压成型的普洱茶有各种形状，犹如小药丸、圆球、象棋、沱茶、圆饼；大如南瓜、巨型饼、树筒、屏风、大匾等等。（5）品质奇：普洱茶有越陈越香的特点，与茶贵新、酒贵陈的特点背道而驰。如储存保管得当，可储存一百年左右。（6）饮用奇：如在茶馆用盖碗或紫砂壶冲泡陈年普洱，可泡 20 泡。

普洱茶是云南所独有，独特的地理位置、地形地貌造就了云南茶叶丰富的内质，也是云南普洱茶独领风骚的根本所在。十里不同天的独特气候，成就了普洱茶"一山一味"、"十山十味"，不同产区，形、色、香、质绝无雷同的特点。云南悠久的历史，独有的品饮文化，创造了云南普洱茶越陈越香的特性。自然的陈放，历尽风吹、雨淋、时间的催化，使云南普洱茶的内涵与口感得到升华，如同人生，品一盏普洱茶，体味天人合一的悠然与平静。正是由于这些特点，使得普洱茶成为具有收藏鉴赏价值的古董，这是任何茶类都不具备的特性。因此，普洱茶完全有资格，也完全应当成为一种独立的茶类。

二、云南白药

云南白药是云南省出产的传统中成药，是由云南民间医生曲焕章吸取民间传统配方，经过多年钻研和实践而首创配制的，最初取名为"百宝丹"，后称云南白药。由于它对于止血愈伤、活血散瘀、消火去肿、排脓驱毒具有良好疗效，因此成为主治各种跌打损伤、红肿疮毒、妇科血症、咽喉肿痛和慢性胃病的特效药品，从二十世纪初行销于世以来，蜚声中外，历久不衰，被誉为伤科圣药。近年来研究发现，云南白药

<云南白药

还具有抗癌、抑制肿瘤的作用。

　　20世纪中成药中最神秘的莫过于云南白药，它那张至今仍然是国家级的保密配方，带给人们无穷的想象，这似乎也成为它保持恒久魅力的秘诀之一。关于云南白药的药方有着许许多多的传闻和争议，传闻它的发明过程很玄妙，一说是猴子采药医疗骨折，被人发现药方；一说是蛇被人断其尾，自觅药草衔接愈合，为人偷窥得知药方。云南白药由数种药材合成，据祖传药方中载有"藤三七"和"白鹤灵芝"，目前市场已相当普遍，餐厅或市场卖的田七，就是藤三七，别名云南白药，为极佳药膳食品。

三、程海湖螺旋藻

　　产于永胜程海湖中的一种肉眼看不到的飘浮于水面的微小植物，

我爱云南

在显微镜下外观为青绿色，呈不分枝的丝状，宛若一根盘曲的弹簧，故名螺旋藻。云南永胜程海湖是目前世界上继非洲乍得湖、墨西哥TEXCOCO湖之后，全球唯一天然生长螺旋藻的全球三大碱水湖泊之一。

螺旋藻是目前地球上人类已知的营养成分最丰富、最均衡的生物，科学检测表明：1克螺旋藻粉的营养含量相当于1000克各种蔬菜水果营养的总和。螺旋藻内蛋白质含量高达65%-71%，且蛋白质的氨基酸组成与人血蛋白相似，极易被人体吸收。螺旋藻同时富含各种维生素、微量元素、藻多糖、藻蓝素、亚麻酸、类胰岛素等多种生物活性物质，具有降低胆固醇、解肾毒、提高人体的免疫机能，促进前列腺素合成、抑癌防癌、加速创口愈合等多种药用和保健功能，是放化疗、贫血、肝炎、糖尿病、胃及十二指肠溃疡、骨髓病变等低毒高效的理想保健食品。

对于中老年人来说，螺旋藻可以预防心脑血管疾病、调节血糖、防治便秘、提高人体免疫力、营养补充等；对于青少年儿童来说，改善食欲，补充营养，防治发育不良、记忆下降、视力减退等，明显改善体能和智力；对于广大的女性而言，螺旋藻在美容方面有天然滋补的效果，对防治和改善贫血有积极意义。内含丰富的营养素，其中的苯丙氨酸更能抑制食欲，起到减肥的辅助作用；同时它还有着抗辐射、抗疲劳的作用，获得了许多都市白领的认同。

程海湖螺旋藻＞

红土高原　资源丰厚

四、香格里拉松茸

农历七月，云南中甸香格里拉的天气奇诡多变，一天当中，阴晴可以瞬时交替，一会儿阳光明媚，一会儿又阴雨绵绵。而此时，恰是松茸等极品野生菌的生长季节。

松茸并非仅仅产自云南，但其中成色最好、口味最正的，却只在香格里拉德钦、小中甸等极少数人迹罕至的深山中才能采到。

每天凌晨一两点钟，采摘者便摸黑上山，松林中厚厚的松针里，便藏着这些珍奇的食材。被当地人称为"头水菌"的第一批松茸，收购价已达每斤 6000 元左右，其中大部分，都被日本、韩国前来的抢购者收走。

曾在纪录片《舌尖上的中国》携松茸出镜的专家，谈起松茸时，也常常慨叹它的神奇。"它对环境的要求极为苛刻。日本人早就在研究

<野生松茸

我爱云南

人工培植松茸，但一直没能成功。而它的保存和运输条件也很苛刻，每一斤为一盒，上下覆盖当地的松针及冰袋，还要存放在 16—18 度恒温的风房中。为了确保它的鲜味，我们要求最长 18 个小时内完成采摘到上桌的过程。"

　　松茸的传统做法是用来炖汤，或者是做刺身，吃原味。不过广州珠江新城临江大道"福苑酒家"的陈师傅就表示，松茸质地细密，受火后更有口感，和牛肉更是绝配。所以在酒家，松茸有两种做法——"日式烤松茸"和"松茸扣牛舌"。前者借鉴了日本料理的做法，把松茸原条用干棉布擦干净，撒上海盐，烧到九成熟时，再用干葱和姜做成的日本烧汁略烧，吃的是它独特的松木香味。至于"松茸扣牛舌"，则是选用墨西哥牛舌，做的时候只取牛舌靠近咽喉的部位，口感最是柔软无渣。然后加入香叶、草果、桂皮等香料原条扣足一个多小时。等牛舌有七八成熟时，再加入松茸同焖。

　　松茸，富含维生素 B1 和 B2，含多种氨基酸和人体必需的锌、镁等微量元素，粗脂肪含量低，具有多种生理功能，并可增强人体免疫力、生精益气、理气化痰、延缓衰老、防癌治癌、防治糖尿病等，不仅有较高的营养价值，还有重要的食疗和保健功能，是难得的珍贵食用菌。历史上，它在日本是贡品之一，是高级酒宴的名菜之一，深受日本人喜爱，日本人以吃松茸为荣。

五、蒙自的石榴

　　蒙自，是我国盛产甜石榴最大的基地之一，是远近闻名的"石榴之乡"，蒙自生产的甜石榴不仅籽粒晶莹似玛瑙，而且营养价值较高，

　　　　　　　　　　　　　　　　　　　　　　　红土高原　资源丰厚

可食部分占籽粒的71%—87%。其中，甜绿籽、厚皮甜砂籽、甜光颜在国内石榴产品中属上乘品种，种植地区主要集中在蒙自县的新安所镇、文澜镇和草坝镇等地，产量丰富，远销国内外市场。

蒙自石榴，原产波斯（伊朗）一带，约在公元前二世纪时传入中国。其名分别有丹若、沃丹、金罂、安石榴等。据说：汉代张骞出使西域，从涂林安石国得种归来种植栽培，故唐代元稹有"何年安石国，万里贡榴花，迢递河源道，因依汉使槎"之诗句，石榴也因此名为安石榴。

石榴既可观赏又可食用。石榴花开于初夏。绿叶荫荫之中，燃起一片火红，灿若烟霞，绚烂之极。赏过了花，再过两三个月，红红的果实又挂满了枝头，恰若"果实星悬，光若玻础，如珊珊之映绿水"。正是"丹葩结秀，华（花）实并丽"。现代生长在我国的石榴，是汉代张骞出使西域时带回国的。人们借石榴多籽，来祝愿子孙繁衍，家族兴旺昌盛。石榴树是富贵、吉祥、繁荣的象征。

石榴汁含有多种氨基酸和微量元素，有效消化、抗胃溃疡、软化血管、降血脂和血糖、降低胆固醇等多种功能。可防止冠心病、高血压，可达到健胃提神、增强食欲、益寿延年之功效，对饮酒过量者、解酒有奇效。

<色泽晶莹剔透颗粒饱满

第三章

历史风云　千载悠悠

　　云南是人类重要的发祥地之一，千百年来，伴随着中华民族的发展，云南各民族融合、演变、发展，走过了漫长的历史，在不同的历史时期，云南一直与中原文化保持着密切联系和友好往来，与此同时保留着自身的特色，形成了云南独特而丰富的历史文化。

∧ 崇圣寺三塔是云南省古代历史文化的象征

第一节　从庄跷入滇到三国时期

　　大约 170 万年前，原始人群时期的人类就生活在中国大地上。云南元谋人是我国历史上迄今为止所发现的最早的猿人。到新石器时代，居住在滇池、洱海附近的人们，已能使用石斧之类简单的生产工具，从事原始的农业生产，有些地方的人还会建造简易木结构房，并逐渐形成较大的村落。

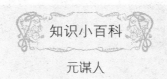

知识小百科

元谋人

古朴民俗　多彩文化

元谋人或称元谋猿人，是在中国云南发现的直立人化石，距今已有 170 万年左右，其可能生活在亚热带草原—森林环境中。根据出土的两枚牙齿、石器、炭屑，以及其后在同一地点的同一层位中，发掘出少量石制品、大量的炭屑和哺乳动物化石，证明他们是能制造工具和使用火的原始人类。

∧ 元谋人遗址

　　战国时期，这里是滇族部落的生息之地，当时云南、四川、贵州地区的土著居民互相迁徙，出现了西南民族的共同体——"夷"，古彝族在云南地区相继建立了古滇国、哀牢国等国，疆域主要在以滇池为中心的云南等地区。

公元前三世纪，楚庄王时期，庄跃奉命南征，一直攻到滇池，而后楚国被秦国攻占，归路被断绝，于是庄跃通过黔中郡向西南进攻，"以其众王滇，变服从其俗以长之"，他以联盟一员的身份加入当地氏族社会，与滇人女子通婚，"入境随俗"，然后凭着雄厚的武装力量，征服了"靡莫之属"和各部族，统一了滇池地区，建立了滇王国。庄跃等将较先进的文化和生产技术，带进了云南，促进了云南的发展，从政治上、经济上、文化上影响了"靡莫之属"，滇人共奉庄跃为滇王，该区进入了奴隶社会。这标志着云南从政治上与内地联系的开始，这一时期的滇国在政治上保有独立地位。

　　公元前221年，秦始皇统一中国，在云南设置郡县。为了有效地控制在夜郎、滇等地设立的郡县，秦始皇派遣将军常頞率军筑路，这条路就是历史上有名的五尺道。由于从四川宜宾至云南曲靖附近，路宽仅五尺，故称"五尺道"。五尺道的开辟沟通了首都咸阳经四川与云南东部的联系，并委派官吏入滇治理，使其成为秦帝国的组成部分，

滇国的青铜雕塑＞

　　　　　　　　　　　　　　　　　　古朴民俗　多彩文化

五尺道是连接云贵高原与内地的古老官道，也是秦朝从修筑道路入手开发和治理云贵高原的历史见证，也是云贵高原与巴蜀、南越民间通商往来的道路。巴蜀一带的商人将铁器、牦牛、盐、枸酱等生活必需品运至南方贩卖，也从南方购买药材、兽皮等转卖到巴蜀、南越市场。

　　西汉元封二年（前 109），汉武帝派将军郭昌率巴蜀之兵临滇，设益州郡，下属 24 县，郡府设在滇池县（今晋宁县），云南为其中一个县，县城设在今祥云县的"云南驿"。汉王朝调整了郡县，改变部落相立，不相统属的状况，带进了一些封建生产关系。这一时期青铜工具的使用，牛耕的出现进一步提高了农业耕作水平。高超的冶炼技术创造了灿烂的青铜文化，各种青铜器物品的出土，显示了民间艺术家们的精湛技艺。大群被放牧的牛、马、绵羊和山羊与家畜猪、犬一道，标志了滇国发达的畜牧业。汉武帝还派唐蒙扩建"五尺道"，改名"西南夷道"。汉王朝还组织人力开凿博南古道，日趋频繁的商贾往来，促进了西南与东南亚各国，尤其是与缅甸、印度的国际贸易与文化交流，这就是历史上著名的汉武开滇。

<五尺道

我爱云南

三国时期，现在的云南及黔西、川西南的部分地区统称为"南中"。公元 225 年，蜀汉丞相诸葛亮统三路大军亲征云南，他采取"不以力制，而取其心服"的政策，当进入滇西地区洱海（大理一带）时，迅速平定了云南奴隶主贵族发动的叛乱，降服了当地大姓孟获，对孟获"七擒七纵"，使孟获心悦诚服地投降，并发誓永不再反。因此诸葛亮很快平定南中，云南成为蜀汉的一部分。

第二节　南诏大理时期—风起云涌的唐宋王朝

一、南诏国见证盛极而衰的唐王朝

　　公元 317 年司马睿称帝，建东晋。东晋初年，由内地迁至云南的爨势力逐渐强大，爨琛自立为王，统治滇池地区，爨氏父子世袭相传，统治 400 多年，把滇池地区称作昆川，并与隋、唐王朝保持经济文化联系。

　　直到唐代贞观年间，唐王朝扶持蒙舍诏统一"六诏"，建立以洱海为基地的"南诏国"，诏主皮罗阁被封为"云南王"，南诏历传 13 王，统治 200 余年。国境包括今日云南全境及贵州、四川、西藏、越南、缅甸的部分土地。南诏是乌蛮为国王，白蛮大姓为辅佐，集合境内各族（包括汉族）共同组成的统一国家。要统一政权，自然要削弱豪酋的分散

古朴民俗　多彩文化

割据势力；集合各族共同立国，自然要废除羁縻状态；抵御唐与吐蕃两个强邻，自然要提高本国的经济与文化。

在南诏国统治期间正是大唐王朝由盛到衰的历史，由于南诏是在唐王朝的扶植下建立起来的，强大的唐王朝不断加强着对边疆地区的统治，南诏国在当时隶属于唐朝的剑南道。但事实上南诏统一六诏后与唐各有自己的想法。南诏国王想向东兼并西爨，成立一个大国，是有理由的。可是，唐要保护西爨，又要南诏多出力攻吐蕃，这样，双方虽然还保持着和好关系，实际上却发生不可调和的矛盾。为了更好地维护自身的统治，南诏国经历了与吐蕃结盟、与唐朝结盟和向外攻掠三个阶段，唐末朝政混乱藩镇割据导致民不聊生，南诏不堪唐王朝的高压统治开始反击，并接连取得胜利。

∧南诏国时代的彝族犀牛皮皮铠甲

唐宰相卢携等总结南诏的攻掠说，"自咸通以来，蛮（南诏）两陷安南、邕管，一入黔中，四犯西川，征兵运粮，天下疲弊，逾十五年，租赋太半不入京师，三使、内库由兹空竭，战士死于瘴疠，百姓困为盗贼，致中原榛杞，皆蛮故也"。从表面看，唐朝的加速崩溃，与南诏入侵确有关系，但招致南诏祸乱的根本原因却是唐朝的极度腐朽，这一点，卢携等人是不敢正视的。

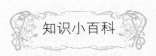

南诏国与白族"接金姑"的习俗

　　由于神秘而遥远的南诏国交织着许许多多的神话传说，历史学家戏称其为"一半是历史，一半是神话"。白族流传了一千多年的"接金姑"的习俗就与这段充满神秘色彩的历史有关，1300多年前，顽皮的白子国三公主金姑离家出走，遇到蒙舍川猎人细奴逻，从此随着猎人远嫁蒙舍，成为了南诏国的第一代国母。三公主嫁到蒙舍后，洱海地区的白蛮群众十分想念她，于是，每年农历二月都到蒙舍接她回家省亲，到农历四月举行"绕三灵"狂欢活动后，又将她送回。三公主逝世后，南诏王室在巍宝山修建了三公主殿，在南诏都城图山修建了天摩牙寺（"天摩牙"，白语称为"王母住所"的意思）供奉三公主。因天摩牙寺位于蒙舍川的西边，又被当地人称为"西边大寺"。此后，洱海地区的白族每年农历二月都会到巍宝山、天摩牙寺接三公主，千年没有间断过。

二 大理国与内忧外患的宋王朝

　　公元937年，段思平灭南诏建大理国，公元1117年，宋朝封大理首领为"云南节度使"，政治中心在洱海区域，以大理为都城，相传22

古朴民俗 多彩文化

世，共统治316年，疆域大概是现在的云南省、贵州省、四川省西南部、缅甸北部地区，以及老挝与越南的少数地区。　大理国的政治制度与南诏基本相同，脱胎于军事民主制度，借鉴了中央王朝的政治制度设置，进行了民族内部的改革。大理国300余年间，云南各族人民与内地的经济文化联系继续进行。宋政权曾多次册封大理统治者为王。

　　云南大理国史是云南地方史极具特色的组成部分，在中国民族史中占有重要的一席之地。大理国与宋朝的关系颇具特色。一方面是，大理国历代统治者前赴后继的长达150多年的执著请求宋廷册封，主动请求臣服；另一方面是，宋王朝历代君主对大理国的请封要求一而再、再而三地刻意推诿，不予应允。但是，经济文化方面双方自始至终又保持着较为密切的联系。政治上愈走愈松散，经济文化上愈走愈近，这就是其显著特点。有宋一代，大理国通过贸易、朝贡、请封等形式一直与宋廷保持着密切的经济文化联系，频繁的茶马贸易与贡赐关系就是其主要表现。

∧ 重建的南诏国大理武庙

随着大理国与宋王朝300年来的政治交往，大理国与内地的经济文化也有着深入广泛的交流。在大理国每次进贡和互市中，都向内地输出许多精美的手工艺品、贵重药材和马匹，又从内地输入手工艺品和大量的汉文书籍，对当时洱海地区经济文化的繁荣和发展起着巨大的作用。

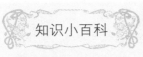

知识小百科

大理皇帝与金庸小说

金庸先生的《射雕英雄传》、《天龙八部》可以说是家喻户晓，这两部作品中都提到了大理国，人们在被精彩的武侠故事所吸引的同时也对那段神秘的历史产生了极大的兴趣，《射雕英雄传》中的一灯大师，《天龙八部》里的段誉、段正淳是否确有其人？真正历史上的他们又是什么样的？

段正淳是段誉的父亲，在大理国的历史上他受命于危难，力图通过改革振兴王室。在他之前，大理国被高氏篡权，不久被迫还位于段氏，他在国内"赦差役"，减轻国民负担；外交上，与周边国家友好相处。可惜，在这个时候，大理国已经气数将尽，国内"大疫"流行，段正淳已回天无术，最后不得不走上"禅位为僧"的道路，让位给儿子段誉。段誉的庙号是宣仁帝，本名段正严，确实是段正淳的儿子，又名誉，表字和誉，《天龙八部》中也提到了"和誉"这个表字。段誉是个有所作为的君主，他明白与宋朝建立友好关系是立国之本，他统治期间大理国一直向宋朝称臣。段誉特别重视加强与宋朝的联系，入贡大理马、麝香、牛黄、细毡等土特产，还派幻戏乐人（魔术师）到宋朝表演，深得宋徽宗的礼遇，册封他为金紫光禄大夫、云南节度使、大理国王等。

《射雕英雄传》中的一灯大师，即段智兴，是段誉的孙子辈，在位27年，而"南帝"只是小说中的称谓。

第三节　元明清—重归中央，开启封建新时代

一、行省制度加强对云南的统治

1253 年忽必烈率军征云南，破大理国，1267 年封第五子忽哥赤为云南王，1271 年其子被害身亡。1274 年忽必烈派赛典赤·赡思丁到云南。1276 年，元朝已正式建云南行中书省为全国 11 个行省之一，从此"云南"正式作为省级行政区的名称。

云南归附后，大元朝廷长期以云南之地封王建藩，藩王对云南政局拥有较大的干预权。虞集《道园学古录》记载：世祖皇帝之集大统也，实先自远外始，故亲服云南而郡县之，镇之以亲王，使重臣治其事，自人民、军旅、赋役、狱讼、缮修、政令之属，莫不总焉；独不得承制署置属吏耳。王政与省政并行，从一个侧面反映出元朝统治者对云南地区的高度重视。

1274—1366 年，元朝置行省于云南，将这一地区纳入中央集权的郡县体制体系，建立行省制度后，大理王族段信苴被任命为大理总管，将其势力限制在大理地区范围之内，罢去他节制整个云南地区万户以下诸土官之权。为了统一行政权力，令云南的宣慰司兼行元帅府事一职，并听行省节制。罢去万户、千户兼摄地方行政的军事统治制度，遍置郡县于八府四郡三十七部等地。

我爱云南

云南作为诸行省之一，与全国其他地区的交通条件也得以显著改善。元朝灭南宋后，先后接通了云南与四川、湖广等省的驿道。通达云南各地的省内驿道，则以中庆为中心构成辐射状的交通体系，这对于密切云南各地区及其与内地之间的政治、经济和文化联系，起到了重要的推进作用，云南的社会经济和文化，在这一时期有了较大的发展。水稻以及其它农作物的种植地区有所扩大。过去，云南诸部人虽知蚕桑，而未得其法，引进内地先进的蚕桑技术后，收利十倍于旧。滇池地区的水利事业也有了明显的发展。中原汉文化在云南的传播也呈现出一种新的局面。元代云南地方官员首建孔子庙，置学舍，劝士人子弟以学；择蜀士之贤者，迎以为弟子师……汉族的婚姻行媒流行、以外释内儒为特点的儒释文化逐渐向内地封建文化靠拢。到元明之际，云南人士中流行的文化，已基本上等同于内地文化。

二、明清时期—农业、手工业、商业迅速发展

明洪武十四年 (1381)，朱元璋用兵云南，攻克昆明，灭元朝梁王，次年统一了云南，在云南建立明朝政权，统治 278 年。明朝期间云南的辖境范围比元朝时期小，北部和东北部的部分地区划归四川和贵州。即现在的镇雄、威信、彝良、昭阳、鲁甸、会泽、东川、永善、绥江、巧家、盐津、大关等县市区曾划归四川省，1276 年才又划回云南；今贵州的盘县、普县、兴义、兴仁、安顺、普定、镇宁、关岭、晴隆等县划归贵州。明王朝在云南实行大规模的移民屯垦，大量汉族人进入云南，从此汉族人口在云南占了多数，而非汉民族成为少数民族。

经济方面，明王朝平定云南后，由于几十万汉族军民来到云南，

大量的劳动力，先进的生产工具和技术，优良的农作物品种，也同时带到了云南，从而对云南社会经济发展产生了深远的影响。这个时期，云南的生产有了较大进步，生产技术有了显著提高，手工业和商业也有了迅速的发展。这为加速封建农奴制的解体，促进封建地主经济的发展创造了条件。在手工业中，特别是云南的矿冶业，由于两千多年的生产经验积累，加之封建统治者的巨大需求，到了明代，其生产技术已提高到新的水平，云南银铜产量居全国首位。成化十九年（1483），云南银课十万零二千三百余两，为全国银锞总额十八万三千两的一半以上。冶铜方面，昆明至今尚存的明永乐二十一年（1423）所铸的二万四千斤重的大洪钟和以后所建的金碧辉煌的金殿，足以说明当时云南冶铜的规模和工艺水平。

清朝对云南的统治确立后，随即在民族地区推行"听民开采而官收其税"的政策，矿冶业又有较大的发展，铜、银、锡的产量均有大幅度的增长。东川、易门、路南、永北（今永胜）的铜，鲁甸、白羊（今宾川牛井）、永盛（今云龙）、茂隆（今沧源）的银，个旧的锡，罗平、建水等地的铅都负盛名。自乾隆八年（1743）至嘉庆七年（1802）的 60 年中，滇铜的平均年产量均超过 1000 万市斤以上，最高年产达到 1400 多万市斤，位居全国之冠。这个时期，资本主义已在云南的矿冶业中开始萌芽。

第四节　民国时期——可歌可泣的战争史

一、云南进入滇军割据时代

1911 年 10 月 30 日，蔡锷、唐继尧率新军在昆明发动重九起义，加上腾越起义和临安起义，推翻了清朝在云南 250 多年的统治，建立了大中华民国云南军都督府。1915 年，当袁世凯复辟帝制时，云南又首举义旗，发动了武装讨袁的护国运动。

唐继尧上任云南都督以后，整军治武，以办训练团的名义，从北洋军阀手里骗取了不少武器装备，另外，他还四处派人，从德国、日本、法国（法国的武器主要由当时的法殖民地越南运入云南）购进不少武器，这些武器充实到滇军里，大大提升了滇军的战斗力，唐继尧上任以后，在行政管理方面也做了不少事情，例如在会泽组建铜业有限公司，在全省对矿业实行统一管理，鼓励商业活动等等。这些措施，有力地保证了全省的财政收入，成为后来护国战争的重要经济支撑。

护国运动后，云南处于军阀统治和混乱之中。1920 年，滇军第一军军长顾品珍驱逐了唐继尧。隔了两年，龙云又支持唐继尧击败顾品珍。1927 年 2 月，龙云、胡若愚、张汝骥、李廷选四镇守使发动"二·六"

政变，赶唐下台。此后，龙云先后击败了胡、张等部，控制了云南。1929 年，蒋介石任命龙云为云南省政府主席、国民革命军第十三路军总指挥等，自此开启了滇军在云南的割据局面。

云南陆军讲武堂

讲武堂＞

　　在近代云南的历史上，有一所著名的学校——云南陆军讲武堂，原系清朝为编练新式陆军、加强边防而设的一所军事学校。建立时与天津讲武堂和奉天讲武堂并称三大讲武堂，后与黄埔军校、保定陆军军官学校齐名。云南陆军讲武堂培养了一大批杰出的军事家、革命家。正因为如此，曾经是云南陆军讲武堂的学员，后来成为共和国元帅的朱德，称云南陆军讲武堂是"革命熔炉"。

二、滇缅公路——民族存亡的生命线

  滇缅公路，这是一条诞生于抗日战争烽火中的国际通道。这是一条滇西各族人民用血肉筑成的国际通道。在中国，在世界，没有哪条公路像滇缅公路这样与一个国家、一个民族的命运联系得如此紧密，没有哪条公路能像滇缅公路这样久久地留在人们的记忆里。抗日战争是中华民族抵御外来侵略的光荣记忆，同时也是一段光荣与血泪并存的历史，它被镌刻在中华民族的历史长河中，同时也深深烙印在每个中国人的记忆里。然而，并不是所有的人都知道，是由滇缅公路、驼峰航线以及中印公路组成的运输大通道，支撑着中国抗日战场全部战备物资以及大后方的经济供应。滇缅公路，这条穿过了中国最坚硬的山区，跨越了中国最湍急的河流，蜿蜒上千公里的运输干道，对于中华民族的生存而言是一条不折不扣的生命线。

  抗战开始以后中国政府考虑到有可能出现的危机，中国军队将不可能守得住东部沿海地区和内地平原地区的城市，最终国民政府必将

滇缅公路＞

退守西部。于是，1938年开始修建滇缅公路，公路与缅甸的中央铁路连接，直接贯通缅甸原首都仰光港。滇缅公路原本是为了抢运中国政府在国外购买的和国际援助的战略物资而紧急修建的，随着日军进占越南，滇越铁路中断，滇缅公路竣工不久就成为了中国与外部世界联系的唯一的运输通道。

　　抗战初期，几百万军队所需要的武器装备；维持经济运转所需要的各种物资；无数内迁到大后方的人们所需要的基本消费品，总之，当时维持整个抗战所需要的、中国不能生产的所有物资，都依赖这条生命线运进大后方。滇缅公路还有一个无形的作用——它改变了战争的进程。日军原来是要在滇缅公路正面打败中国军队，迫使国民政府屈服。但由于有了包括滇缅公路在内的对外通道，使得日本军队放弃了原来的计划，改为从中国沿海、越南和缅甸封锁中国的对外通道。这样给疲惫的中国军民有了喘息的机会。

　　1942年有10多万中国远征军从云南进入缅甸配合英军与日军作

＜国殇墓园

我爱云南

战，日军击败英军，沿滇缅公路进至惠通桥，隔怒江与中国军队对峙两年，中国远征军是在失败不可抗拒的情况下浴血奋战，以自己的悲壮失败，换回英军在北非决定性会战的胜利，并通过西西里登陆、库尔斯克会战，对第二次世界大战产生了深远的影响，同时对于国内的抗战而言，中国远征军浴血奋战，用鲜血和生命捍卫中华民族的生命线。

抗日战争期间云南成为大后方，内地沿海大批工厂迁入，形成海口、马街、茨坝、安宁四个工业区，生产出中国第一台望远镜、第一根电线等，许多"中国第一"在这里诞生。为抗战提供了大量的战略物资和生活物资。期间云南人民积极配合和支持全国人民的抗日斗争，数十万滇军出省作战，在著名的台儿庄和中条山两大战役中打出了威名。1942年5月日寇侵入滇西，云南又成为前线，经过两年的滇西保卫战，收复失地，云南成为了最早将日寇逐出国土的省份。

三、抗战胜利后——大后方再度陷入混乱

抗日战争时期，云南作为大后方，由于一批工厂、学校等由沿海、内地迁来，加之1940年及1942年滇越铁路和滇缅公路在越南和缅甸被日本帝国主义侵占之前，是当时我国陆上通向国外的唯一通道等多方面的原因，社会经济有所发展。抗战胜利以后不久，内战爆发，西方帝国主义与官僚资本、封建势力进行勾结，疯狂地掠夺和压榨云南人民，致使民族工商业日益凋敝，广大农村两极分化日趋严重，云南半殖民地半封建的社会矛盾进一步加深，生产力受到了严重的阻碍。

农业生产条件很差，生产力水平极低，交通极其闭塞，几段窄轨铁路不通省外，2/3的县不通公路，运输全靠人背马驮。商品经济极其落后，城市轻工消费品大部靠沿海等省市供应，农村基本上是自给自足的自然经济。过去曾经较为发达的云南冶金业，由于帝国主义和国

古朴民俗 多彩文化

民党反动派的摧残，到解放前夕，已经由衰落、残破而濒临绝境。内地广大农村特别是汉族地区，土地占有更加集中，阶级分化愈演愈烈，而在边疆民族地区，还存在着封建领主土地所有制、奴隶主土地所有制和正在转化中的原始公社土地所有制，致使全省形成了多种形态的生产方式。在这种以封建为主，又包括了其他更落后的生产关系的严重束缚下，云南农业生产力表现落后和停滞不前的特点。一方面，与同时期的全国平均水平相比，它是落后的；另一方面，由于多层次生产关系存在，云南的农业生产又是不平衡的。粮食种植是低水平上的简单再生产，粗放的耕作成为主要经营方式，经济作物的种植指数很低，畜牧业发展缓慢，而鸦片种植却畸形发展。

总的来说，五四运动后的三十年间，云南的资本主义虽有发展，并早就萌芽和产生于矿冶业中，但由于帝国主义和封建主义的压迫，一直没有得到长足发展，而地方国家垄断资本却逐步形成了以财政厅厅长陆崇仁为首脑的陆氏财团和以富滇新银行行长缪嘉铭为首脑的缪氏财团，垄断了云南国民经济的各个部门，成为半独立状态的地方政权的经济基础。

直到1949年12月9日卢汉举行起义，云南和平解放，1950年3月云南人民政府成立，从此云南的历史翻开了新的篇章，这是一个让云南各族人民永远铭记的时刻。

<卢汉欢迎解放军进入昆明

我爱云南

第四章

古朴民俗　多彩文化

在历史发展的长河中各民族优秀文化的交流和融合，创造了特色鲜明的异彩纷呈的民族文化艺术。多民族共居的云南，无论在美食、服饰、手工艺，还是在独特的习俗、艺术、民族节日中，都会使人感觉到神秘、清纯、朴实，还有浓浓的异域风情。

八 纳西古乐

第一节 舌尖上的云南

一、滇菜

云南菜也称"滇菜"，云南菜系的历史和构成独具一格，神秘而多元的民族文化，绮丽多彩的自然风光赋予了云南永恒的魅力，也赋予了滇菜丰富的食材和独特的口味。

滇菜由三个地区的菜点特色构成。滇东北地区：因接近内地，交通较为便利，与中原交往较多，与四川接壤，其烹调、口味与川菜相似；滇西和滇西南地区：因与西藏毗邻以及与缅甸、老挝接壤，少数民族较多，其烹调特色受藏族、回族、寺院菜影响，各少数民族菜点是主体；滇南地区：气候温和，雨量充沛，自然资源丰富，是云南菜点的本体。

总体上来说，滇菜选料广，风味多，以烹制山珍、水鲜见长。其口味特点是鲜嫩，清香回甜，酸辣适中，偏酸辣微麻，讲究本味和原汁原味，酥脆、糯、重油醇厚，熟而不烂，嫩而不生，点缀得当，造型逼真，适合边疆多民族人的口味，在国内自成一格。具体来说有三大特点：

一是以酸辣为主。云南调味品很是丰硕，家种、野生都有。特有的喷香茅草、喷香多草、草果、喷香菇、喷香椿籽等喷香料惹人菜式中增添了诱人之感。野生喷香菜与苤菜的应用，使菜肴喷香味美。辣椒种类齐全，以涮辣椒为烈。名醋有禄丰喷香醋、东川米醋、昆明麸子醋，还有少数民族的梅子醋、酸木瓜醋等，已成为汉族和各少数民族日常的调味品。苦瓜、陈皮入味，苦而发凉，苦中回甜，苦中有味。滇菜厨师运用上述这些调料，因人、因地制宜，或加或减，可烹制出酸、甜、咸、苦、辣等多种单纯和复合口胃的菜肴。其中，以酸辣微麻为主味。云南地处高原，湿热与严寒并存，而酸辣则有祛湿、驱风和开味之功能，因而受到群众喜爱。如傣族、阿昌族的酸烟菜，苗族、彝族的酸菜煨四时豆，都是当地的家常名菜。

二是讲究鲜嫩。因云南特有的气候特点，故有"常年蔬菜不竭青"之说。时值冬季，却蔬菜不竭，如在昆明，此时蒜苗、豌豆尖等为时鲜蔬菜。蔬菜进入筵席，常做素菜或用于点缀，浮现清淡纯朴、原汁原味、鲜嫩回甜的风味。如"炸洋葱"、"酿百合"、"油炸仙人掌花"等为当地的传统名菜。动物食材，吃生、吃活，讲究滋嫩。各处颂扬的"过桥米线"，厨师巧用鸡油能保温的特点，将鸡炖烂，用鸡汤汆生肉薄片和米线，配上各类调料，吃起来鲜嫩可口，成为吃生、吃鲜的典型。还有乳猪、乳鸽、童鸡、仔鸭常与虫草、天麻、三七、贝母等滋补药材为伍，既吃鲜嫩，又能强身健体，一举两得。整个滇菜，在以鲜嫩为主的同时，注重味浓烈喷香。肉类入肴，或烤或烧甚至炖焖，烹制的菜肴浓中有味、味中见鲜。"云腿"等腌腊制品，因腌渍后肉质缩紧，味更浓。在烹饪时，除去部分咸味后，用油炸、油煎或酥炖，加上其他调料，制成菜肴浓烈之中添鲜喷香，待客佐酒，尤为佳品。

三是技法多样，古风犹存。在滇菜擅长的烹饪技法中，可分为汉族的蒸、炸、熘、卤、汆、炖，具有原汁原味、酥嫩、鲜醇、清爽、浓喷香的特点；少数民族的烤、舂、焐、腌、隔器盐焗等，具有浓烈的地方风味，反映少数民族的生活习俗。在诸多的烹饪案例中，有的以一种为主，有的汆、炸、熘连续使用，烹制独特风味的菜肴。滇菜技法多样，传统的烹饪体例仍占较大比重，古风犹存。如：烤，用明火烤羊、烤野鸡，这在少数民族中较为普遍；焐，以柴薪烧后的炭灰余热，焐制各类菜品，独具一格；舂，将食物制熟，与调料一起入石臼，舂细而食，浑为一体，便于消化；隔器盐焗，是在铁锅内放上一层盐巴，盐上放炊具，用盐传热，隔器炖熟而食，风味特异；腌，为顺应云南天气特点和冬季宰杀年猪的习俗而推出一套加工、贮藏和食用的传统技法，如白族的圆腿（火腿），纳西族、普米族、藏族的琵琶猪（整头腌制），彝族的鹿子干巴，傣族的腌牛蹄、酸鱼，拉祜族的血肠，回族的牛干巴、腊鹅等等，有"云山牧野牛畜肥，肉成肉干格外香"的美誉。

过桥米线>

古朴民俗 多彩文化

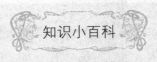

滇菜——"第九菜系"

菜系，也称"帮菜"，是指在选料、切配、烹饪等技艺方面，经长期演变而自成体系，具有鲜明的地方风味特色，并为社会所公认的中国的菜肴流派。我国的菜系，是指在一定区域内，由于气候、地理、历史、物产及饮食风俗的不同，经过漫长历史演变而形成的一整套自成体系的烹饪技艺和风味，并被全国各地所承认的地方菜肴。

传统意义上的八大菜系是指：鲁菜、川菜、粤菜、苏菜、闽菜、浙菜、湘菜和徽菜。

第九菜系，是针对中国八大菜系提出的一个全新概念，它不是传统意义上的排名，而是新菜系代表的称谓。滇菜、渝菜、津菜、冀菜掀起了抢占"第九菜系"的热潮，其中以滇菜的推广最为成功，明确提出"进京入沪下南洋"的战略，成为全新菜系的代表，受到消费者的青睐。

二．特色美食

1．过桥米线

提到云南的美食，甚至只要提到云南就会不由自主的想起过桥米线，"过桥米线"是云南滇南地区特有的食品，已有百年历史，五十年前，过桥米线从滇南地区传至昆明，现在云南的过桥米线遍布全国各地，它已然成为云南的一个标志，成为云南饮食文化最重要的一部分。

过桥米线主辅合一，深受各族人民群众的喜爱。以特有的滋嫩、鲜香、清爽适口、富于营养而著称。现在的过桥米线由四部分组成：一是汤料覆盖有一层滚油；二是佐料，有油辣子、味精、胡椒、盐；

三是主料，有生的猪里脊肉片、鸡脯肉片、乌鱼片，以及用水氽过五成熟的猪腰片、肚头片、水发鱿鱼片；辅料有新鲜的豌豆尖、韭菜，以及芫荽、葱丝、草芽丝、姜丝、玉兰片、氽过的豆腐皮；四是主食，即用水略烫过的米线。鸡油封面，汤汁滚烫，但不冒热气。

过桥米线由汤、片、米线和佐料四部分组成。吃时用大瓷碗一只，先放熟鸡油、味精、胡椒面，然后将鸡、鸭、排骨、猪筒子骨等熬出的汤舀入碗内端上桌备用。此时滚汤被厚厚的一层油盖住不冒气，但食客千万不可先喝汤，以免烫伤。要先把鸽鸡蛋磕入碗内，接着把生鱼片、生肉片、鸡肉、猪肝、腰花、鱿鱼、海参、肚片等生的肉食依次放入，并用筷子轻轻拨动，好让生肉烫熟。然后放入香料、叉烧等熟肉，再加入豌豆苗、嫩韭菜、菠菜、豆腐皮、米线，最后加入酱油、辣子油。吃起来味道特别浓郁鲜美，营养非常丰富，常常令中外食客赞不绝口。过桥米线集中地体现了滇菜丰盛的原料，精湛的技术和特殊的吃法，在国内外享有盛名。

∧以正宗滇菜著名的昆明福照楼餐馆

古朴民俗　多彩文化

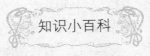

昆明的吃食（汪曾祺）

原来卖过桥米线最有名的一家，在正义路近文庙街拐角处，一个牌楼的西边。这一家的字号不大有人知道，但只要说去吃过桥米线，就知道指的是这一家，好像"过桥米线"成了这家的店名。这一家所以有名，一是汤好。汤面一层鸡油，看似毫无热气，而汤温在一百度以上。据说有一个"下江人"司机不懂吃过桥米线的规矩，汤上来了，他咕咚喝下去，竟烫死了。二是片料讲究，鸡片、鱼片、腰片、火腿片，都切得极薄，而又完整无残缺，推入汤碗，即时便熟，不生不老，恰到好处。

2. 汽锅鸡

和过桥米线一样，汽锅鸡也是云南的特色名菜之一，因用汽锅蒸制而得名，早在2000多年前，汽锅鸡就已在滇南民间流传，建水出产一种别致的土陶蒸锅，叫"汽锅"，专门用来蒸食物。

汽锅鸡的主要食材是鸡肉，主要烹饪工艺是煮，做法是将仔鸡洗净后再砍成小块，和姜、盐、葱、草果一道放入汽锅内盖好，汽锅置于一放满水的汤锅之上，用砂布将隙缝堵上，以免漏汽，再放到火上煮。汤锅的水开后，蒸汽就通过汽锅中间的汽嘴将鸡逐渐蒸熟（一般需3—4小时）。由于汤汁是蒸汽凝成，鸡肉的鲜味在蒸的过程中丧失较少，所以基本上保持了鸡的原汁原味。后来人们又在汽锅鸡中配加云南特产的名贵药材"三七"、"虫草"、"天麻"等，使鸡汤更加味美鲜甜，既增加了营养和医疗作用，又别具风味，发挥了汽锅鸡营养丰富、滋补强身的优点。此后，"三七汽锅鸡"、"虫草汽锅鸡"、"天麻汽锅鸡"渐成为云南高级独特的风味滋补名菜。

汽锅鸡 >

汽锅鸡与乾隆皇帝

相传早在清代乾隆年间，汽锅鸡就流行在滇南一带。相传是监安府（今建水县）福德居厨师杨沥发明的吃法。那年皇帝巡视监安，知府为取悦天子，发出布告征求佳肴，选中的赏银50两。杨沥家贫，老母病重，为得重赏，他综合了当地吃火锅和蒸馒头的方法，创造了汽锅，又不顾生命危险，爬上燕子洞顶采来燕窝，想做一道燕窝汽锅鸡应征。不料汽锅被盗，杨沥被问欺君之罪，要杀头。幸而皇帝问明真相，汽锅鸡免杨沥一死，并把福德居改名为"杨沥汽锅鸡"。从此汽锅鸡名声大振，成滇中名菜。那时汽锅鸡的做法很简单，但味道很醇正。

古朴民俗　多彩文化

解放初，时任国防委员会副主席的龙云（解放前称"云南王"）用滇味佳肴"建水汽锅鸡"宴请中央领导，受到毛主席夸奖；1972 年尼克松访华，周总理安排的国宴中就亲点了滇味名肴"汽锅鸡"。开宴时，揭开盖子，热汽扑面，香溢四座，鸡肉滑嫩，汤鲜味美。据说尼克松品尝之后，赞不绝口，对其美味佩服得五体投地，赞道："味道太鲜美了，真想连整个汽锅一起吃进去！"国内外媒体竞相报道，为我中华增光添彩，传为一段佳话。

3. 丽江粑粑

位于祖国西南边疆的丽江有着一个古朴而神秘的民族——纳西族，勤劳的纳西人民世世代代生活在这片土地上，他们用自己的双手创造出了许多风味独特的食品，其中尤以丽江粑粑闻名滇西一带，素有"丽江粑粑鹤庆酒"之称。

丽江粑粑是纳西族独具的风味食品，有着悠久的历史，明代《徐霞客游记》中即有记载。其特点之一是色、香、味俱佳，其制作的主要原料是用丽江出产的精细麦面，加注从玉龙雪山流下来的清泉合成面团，在大理石石板上抹搽植物油，再擀成一块块薄片，抹上酥油，撒上火腿末或白糖后卷成圆筒状，两头搭拢按扁，中间包入芝麻、核桃仁等佐料，再以平底锅文火烤熟煎成金黄色，即可制成。丽江粑粑分为咸甜两类，可以根据各自口味任意选用。其色泽金黄，香味扑鼻，吃起来酥脆可口，有的加喝酥油茶，更是其味无穷。在古城四方街，有许多专营丽江粑粑的铺子，多为成年女子经营，她们有着娴熟的技巧和精湛的手艺，生意红火，顾客盈门。

丽江粑粑的第二个特点是不易变质变味，做好后放置数天，不会发霉，无论带着出远门或将它作为礼物馈赠给远方的亲朋好友，你都不用担心，只要到时候把它拿出来随便地蒸或煎一下，它依然酥脆香甜。丽江粑粑过去曾经是马帮商队备用的干粮，就因其放置多日不会变质变味，倍受旅人喜爱。

丽江粑粑 ＞

4．年夜救驾

"年夜救驾"是云南省腾冲县的名特小食，选用优质年夜米做成饵块，切成片，再配上鲜肉、火腿、鸡蛋、冬菇、泡辣椒等烹炒，味道软、喷香、爽口。传说明永历帝被吴三桂追赶逃到腾冲，又饥又累，向路边的一村妇讨饭吃。村妇当即用火腿肉、韭菜、酸菜等作辅料，炒了一盘饵块给皇帝吃，永历帝吃后赞不绝口，一直称之救了驾！"年夜救驾"便由此而得名。昆明市光华街靠正义路口有一家"腾冲饵丝"专卖店，楼下是年夜排档，楼上有雅座。该店炒吃、汤吃等多个品种的饵块及套餐。

饵块烧、煮、炒、卤、蒸、炸均可，炒饵块最显饵块的风采。把饵块切成寸方小薄片，加火腿片、酸腌菜末、大葱、韭菜、豌豆尖炒制，浇以甜、咸酱油，拌以少许油辣椒，吃起来香甜浓厚，咸辣醇正，色彩丰富，浓烈如油画。

饵块也可以制作成丝状，叫饵块丝。有两种煮饵丝比较出名，一

古朴民俗　多彩文化

种叫扒肉饵线，另一种叫脆香饵丝。扒肉饵丝是先将鸡胸肉或猪腿肉煮扒至肉泥状，剔骨后备用。用鸡汤作辅料，放入煮热的扒肉，再加上葱、芫荽、辣椒、酸菜等佐料，然后将煮熟的饵丝捞进碗中。扒肉饵丝吃起来绵软香爽，富有营养而又不油腻。脆香饵丝制作工序较复杂，先用腊猪头熬汤作辅料，佐料用煎鸡蛋丝、油炸猪皮脆丁、油炸洋芋丁、沸水中氽过的苦菜丝、沸水煮过的豆芽、瘦腊肉丝等，再加适量葱花芫荽、辣椒油等，然后将蒸熟的饵丝放入汤碗中即可。

　　同样是饵块却有着许多种不同的做法，"大救驾"与昆明炒饵块不同的是，切成三角形的饵块薄如纸，佐料以鸡蛋、糟辣子、番茄、白菜心、葱为主，决不放酱油，只用盐调制咸味。因此，其色彩如水粉画，清新明快，红、黄、白、绿，甚是清秀雅洁。食之，味道也较清爽，香辣适度，别具一格。

<云南大救驾

5. 宜良烤鸭

　　宜良烤鸭，也就是滇宜牌烧鸭，它肥瘦适宜，皮酥脆，肉喷香嫩，

我爱云南

已有 600 多年的历史，是云南省有名的传统菜肴。说起来这宜良烤鸭并不算云南本土风味菜，它是由南方传过来的。

相传，在明代洪武年间，朱元璋封颖川侯傅友德为征南大将军，率领千军万马奔赴云南，同时带上了自己的御厨，南京闻名的烧鸭师傅"李烧鸭"李海山。后来等云南统一，回南京受封的颖国公因变被朱元璋赐白绫而自缢身亡。

"李烧鸭"闻讯后不敢回南京，便隐姓埋名先后在宜良狗街、宜良蓬莱乡的李毛营，经营起烧鸭生意，开了家"滇宜烧鸭店"，并娶了位毛姓姑娘为妻，现在的"李烧鸭"已是第 28 代传人。此刻的宜良烧鸭除了现烤现卖外，还成立了软包装食品厂，原料一律选用 40 天以内的嫩壮仔鸭，以家传秘方调制生产出味喷香肉美的"滇宜"牌软包装宜良烧鸭。软包装烧鸭不仅肥而不烂，喷香味纯正，而且当天携带，又不含防腐剂，即开即食，而且品种已创出烧鸭、烧鸭脚、烧鸭翅等十多个"滇宜"牌系列产品。

宜良烤鸭＞

古朴民俗　多彩文化

第二节　巧夺天工的民间手工艺

一、东巴的木雕、皮画和蜡染

1．木雕

在纳西艺术中，最具魅力的还是木雕。木雕艺术即使不是南方特有的，恐怕也以南方为多，高门大户不用说，就是普通民居，也都讲求在屋檐、窗扇、门扇、家具上雕上各种花纹。纳西族自然也不例外，雕刻很发达。现在追求时髦，新建筑和新家具不常雕花了，雕刻家们就转向其它市场，独具特色的东巴木雕便应运而生。

东巴木雕主要以杜鹃木为材料，这是一种乔木，四五月份开花，一般要三四个人才合抱得过来。雕刻家们在这种木头上，用线刻、浮雕、立体雕的手法，雕出圆形、方形、立体的图案。这些图案或具象，或抽象，都非常古朴美丽，有民族风味，有的浮雕让人想起了非洲的面具、毕加索的画，而线刻则让人想起了丁韶光、袁运甫的画。线刻有的取材于日常生活，表现少女弹琴、挑担、犁田、种地的画面和热带植物

我爱云南

东巴木雕>

花鸟等；有的取材于英雄故事，表现纳西族战斗英雄三朵，身着盔甲，挂着弓箭，骑在马上的勃勃英姿。

还有一种雕刻雕在瓢上。据说纳西人过去就喜欢在瓢上雕花，今天这种瓢已基本失去实用价值，成为专门的工艺品了。瓢的材料不是北方生长的葫芦，而是梨木和杜鹃木。所有这些木雕都是烤干后雕刻的，不开裂，不变形，挂在墙上是一种别有韵味的装饰。

2.皮画

东巴皮画是东巴文化的实物表现形式，经过漫长的演变，已然成为一种远古的艺术作品。东巴皮画的创作灵感来源于那古老而辽阔的大草原，是一种富有浓郁民族特色的绘画工艺，祖祖辈辈放牧牛羊的草原人创作了大量精致而有价值的艺术作品。皮画最久可以追溯到游牧民族逐水草而居时期，如今皮画除保持古朴韵味外，更加融入现代

古朴民俗 多彩文化

<东巴皮画

民族工艺技法，成为一种难得的馈赠佳品和高雅的室内装饰品。

　　东巴皮画是云南皮画的重要代表，画中浓缩的东巴风情除保持古朴韵味外，更加融入现代民族技法。全手工绘制民族风情图案，古老的历史文化背景述之不尽。生动逼真经过立体装裱后的画面图案线条进行了雕刻，产生了特有的浮雕效果，并且画面随内容需要跌宕起浮，与艳丽的色彩相配合，使得造形生动逼真。可日晒、水洗不掉色，无异味，画面干净整齐，环保无毒，不溶于水，可保存20年以上，是原汁原味的云南民俗工艺品。精选优质牛皮，纯手工制作完成，经过描绘、着色、层染、抛光、定形、特殊磨砂处理、半浮雕凹凸压制等一系列几十道工艺，高贵典雅立体皮画便成为室内装饰极品，尽显主人的高贵气质与非凡艺术品位。

我爱云南

3. 东巴蜡染

　　东巴蜡染是在贵州苗族蜡染、大理白族蜡染的工艺基础上，以纳西族东巴书画作品为文化内涵的新的印染工艺品。它以棉布、丝绸、金丝绒等为载体，用一种特制的蜡刀蘸熔蜡绘东巴字画于布，利用植物染料浸染，然后沸水煮去蜡即成。在制作中，工艺师们利用蜡冷冻后产生冰纹的特点，掌握好冰纹的粗细、疏密、走向，使其恰到好处地表现物像，同时采用分色封蜡，丰富色彩层次等手段，增加艺术表现效果。

　　蜡染布是在布匹上涂蜡、绘图、染色、脱蜡、漂洗而成。因为在染制的过程中，蜡白布的表面会产生自然龟裂，从而往白色坯布渗入染料而着色，出现许多或粗或细无规则的色纹也叫龟纹，这些龟纹就

东巴蜡染 ＞

古朴民俗　多彩文化

是区别真、仿蜡染布的标准，因为任何仿蜡染布设计进去的"龟纹"都是有规律可寻的，而真正的蜡染布往往难以寻找，也找不出完全相同的龟纹来。

典雅古朴的色彩，浓郁的生活气息，古老而神秘的东巴文化被镌刻在变幻的色彩中，蕴含着深沉的文化内涵，伴着丽江古城特有的温暖的气息，各种蜡染晾晒风干，浓浓的燃料的味道在空气中飘散，在阳光下，在古朴的环境中，欣赏着栩栩如生、精美绝伦的蜡染制品，仿佛进入一个文化传承的坊间。从棉布到植物染料，从精美图案到浸染分色，从晾晒到艺术品，一路艰辛，高挂坊间，飘洒在阳光下，散发出迷人的风采，吸引着世界的目光。

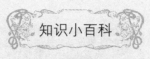

知识小百科

东巴文化

东巴文化是纳西族民族文化的重要内容之一。东巴文化指纳西族古代文化，因保存于东巴教而得名，已有1000多年的历史。主要包括东巴文字、东巴经、东巴绘画、东巴音乐、东巴舞蹈、东巴法器和各种祭祀仪式等。其中东巴象形文字是被誉为世界唯一存活着的象形文字。作为一种独特而丰富的民族文化，东巴文化引起了世界各国学者的极大关注与重视。祭天是纳西族最重要的祭祀仪式，纳西人自称纳西祭天人，纳西是祭天的民族。每年春秋两季分别以家族或家庭为单位在固定的祭天场举行。在祭天场中央竖立两棵黄栗树和一棵柏树，分别代表天父、天母和天舅，祭树下插大香，置供品，献牺牲。由东巴祭司诵念东巴经《崇搬图》(人类迁徙记)，缅怀祖先，歌颂英雄，赞美创造，用来传递历史渊源，加强民族团结，祈求风调雨顺，天下太平。

二 傣锦

　　傣锦是云南省傣族人民的民间织锦。傣族妇女人人会织，有广泛的群众基础。傣锦是一种古老的纺织工艺品，以织工精巧、图案别致、色彩绚丽、美观大方、坚牢耐用和富有浓郁的民族风格而著称。它的图案丰富多彩，有各种珍禽异兽的动物图案、五谷花卉和几何纹图案等。每种图案的色彩、纹样都有具体内容，如喜欢织红颜色的筒裙是为了纪念祖先，孔雀图案象征吉祥，大象图案象征五谷丰收等。寓意深远的各种图案，显示了傣族人民的智慧，体现了对人们对美好生活的向往和追求。

　　傣锦是一种古老的纺织工艺，图案的设计是通过熟练的纺织技巧创造出来的。经常是单色面，用纬线起花，以花纹组织的要求非常严谨。傣族妇女首先将花纹组织用一根根细绳系在"纹板"（花本）上，用手提脚蹬的动作使经线形成上下两层后，开始投纬，如此周而复始的循环，便可组成十分优美的傣锦。设计一幅傣锦图案，有时要几百根，几千根细绳，在"纹板"上表示出来，倘若结错一根绳，就会使整幅傣锦图案错乱不堪。傣锦图案的设计与组成真是巧夺天工，浸透着傣族妇女的智慧。

　　傣锦织工精巧，图案别致，色彩艳丽，坚牢耐用。它的图案有数百种珍禽异兽、奇花异卉和几何图案等。每一种图案的色彩、纹样都有具体的内容，如红绿颜色是为了纪念祖先，孔雀图案象征吉祥，大象图案象征五谷丰登。这些寓意深远、色彩斑斓的图案，充分显示了傣族人民的智慧和对美好生活的追求和向往。

古朴民俗　多彩文化

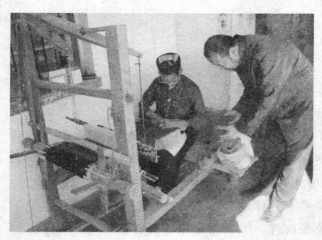

∧ 傣锦工艺

　　傣锦有特殊的地方色彩和浓郁的生活气息，它的图案丰富多彩。常见的有动物、房屋、孔雀、蝴蝶、茉莉花、贝叶、木瓜，也有用大树、房屋、人物、犬马等纹样的。织出的图案是人们对生活的反映，有的也可能带有某种权势、宗教的意念和涵义，如狮子、大象、马等图案的傣锦过去只有土司、头人才能使用；宝塔的图案只有在缅寺的幡上见到。生活中一些不被看重的小昆虫，经处理，或简化或夸张变形，抽象为几何纹样；用"拟人化"了的自然手法，增加装饰性，比原来的自然更美。

　　传统的傣锦织花常见的有八角花、方格。解放后新创了反映热爱共产党的"朝阳花"，反映边疆各族人民亲密相处的"团结花"等五彩斑斓的图案，形象生动，明快简练，显示了傣族人民的智慧，体现了他们对美好生活的向往和追求。

三、手工编织披肩

手工编织的披肩作为丽江的一大特色已被列为国家非物质文化遗产，它仿佛是专门为丽江准备的，信步走在石板铺就的小道上，听着远近传来的驼铃的声响，看着一个个笑靥如花的女孩从身边走过，披肩在她们身上散发出绚丽夺目的光彩。

丽江街头，不乏披着披肩的美女。她们穿着花裙子，肩上的披肩色彩艳丽，图案各不相同。总觉得用披肩的女人都是美丽的，婀娜多姿，风情万种，充满了女人味。丽江的天气即使是夏天温差也很大，而且多雨，一下雨，气温便骤降，对于爱美的女性来说，穿着裙子再穿棉衣，那是不能容忍的事情，如何能够"美丽不冻人"，于是披肩应运而生。

一块披肩，长约150厘米，宽约70厘米，材质有棉的，麻的，线的，羊绒的，可薄可厚，可披可围，图案花色繁多，色彩有浓有淡，老少皆可。披肩的披法也有多种，一块披肩披在肩头，既可起到装饰的作用，

手工编织披肩 >

古朴民俗　多彩文化

突然变天的时候，还可应急保暖，待天气转暖，卸下肩头，轻轻一折，不过一小块，很轻松便可放入包中携带。

于是，丽江街头便多了很多用披肩的女人，也多了很多卖披肩的店铺。古城最繁华的七一街，有一家披肩专卖店，这家店主营丽江的"天雨流芳"和"东巴韵堂"两个品牌的披肩，这两个牌子在丽江口碑很好，质量上乘，做工精细，而且价格适中，自用送人皆宜。店主是位美丽的大姐，在古城经营披肩好多年了，开了好几家分店，生意都很好。她会教你各种披肩的披法，如果你挑花了眼，她也能给你建议，帮你选择最适合的。

四、白族的银饰

银饰是白族传统装饰的精华，也是白族文化的象征，它凝聚着苗家人的灵魂，熔铸着苗家人的历史足音，白族人民用勤劳和智慧各自描绘着银饰的精美和高雅，刻画着平静生活里的不平凡的美，因而白族银饰已不单纯是装饰品，而是植根于白族社会生活中的文化载体。

白族银饰一般以大为美、以重为美、以多为美。凡是盛大的节日必有盛装银饰相伴，在白族人眼中银饰是美好和财富的象征，能歌善舞的白族姑娘全身上下的配饰是清一色的银饰，伴着她们欢快优美的舞步，银饰叮当作响更衬托出白族姑娘的婀娜多姿。

银饰上的纹样有古老的传说，有图腾崇拜，还有动物花卉，它用独特方式记载着白族文化的变迁，丰富着民族文化的底蕴，其中蝴蝶、锦鸡、龙、凤纹样与白族神话传说有着千丝万缕的内在联系；而八仙过海、双凤朝阳、龙凤呈祥、双狮夺宝等纹样，是按传统民族的习惯

白族银饰＞

分别表达神通广大、祥瑞喜庆、男女恩爱、发家致富的吉祥含义。

　　白族一直属于云南土著民族中的上层民族，没有经历大规模的民族迁徙和战争动荡，经济持续富庶，因此在其纹样中找不到富含沉重历史意义的题材，而以植物、花鸟、鱼虫为主。不难看出，其装饰纹样总体倾向于自然轻松的风格，充满了对日常生活的细致观察，反映出一种宁静平和的生存状态。

第三节　古老而优美的民族歌舞

一、最古老的音乐——纳西古乐

　　纳西古乐源于汉族的洞经音乐和皇经音乐，相传为宋乐，目前保留下来的只有来源于洞经音乐的那部分。传说原由汉族经文配唱，传

古朴民俗　多彩文化

到纳西族民间后，逐渐变为单纯的乐曲。整个乐曲分为"神州"和"华通"两个大调，并根据不同内容分为五十多个小调。经常演奏的有："清河老人"、"小白梅"、"水龙吟"、"山坡羊"、"万年欢"、"吉祥"、"八卦"、"步步娇"、"到春来"、"到夏来"、"到秋来"、"到冬来"、"浪淘沙"、"十供养"等二十多个小调。由于这套乐曲长期在纳西族地区广泛演奏，在流传中逐步融合了纳西族的格调。

纳西古乐由《白沙细乐》、《洞经音乐》和皇经音乐组成（皇经音乐现已失传），融入了道教法事音乐，儒教典礼音乐，甚至唐宋元的词、曲牌音乐，形成了它独特的灵韵，被誉为"音乐化石"。纳西古乐最具欣赏性的地方是其"稀世三宝"。第一件宝贝是古老的曲子，其次就是古老的乐器，乐师们手上所持乐器，皆有上百年历史；再有就是古老的艺人。如有些乐器在演奏时加进了大跳跃的装饰音，和音程很大的滑音和颤音，冲淡了汉族原有清秀典雅的丝竹乐风，变为粗犷有力、富有浓厚民族色彩的乐曲了。

在云南丽江古城里，名为"大研纳西古乐会"的演出每天晚上都

<纳西古乐会现场

我爱云南

吸引着来自世界各地的观众，由于这种古乐是在纳西族地区保存流传下来的音乐，因此被经营者命名为"纳西古乐"。到丽江欣赏这种被誉为"活化石"的音乐已经成为很多人到丽江旅游不可缺少的内容，纳西古乐承载着纳西族的古老和文明，根植于纳西族的社会生产生活中，婚丧嫁娶、起房寿辰、休闲娱乐都离不开它，曲调之间流淌着的是博大精深的纳西文化，纳西古乐虽然古老，但500多年来却久盛不衰，道教法事音乐，儒教典礼音乐，甚至唐、宋、元朝的词、曲牌音乐，奇迹般地融汇在纳西古乐的旋律中，却形成独特的纳西民间音乐的神韵，庄重高雅之中却又不失一种清纯、空灵的韵味。

二、舞蹈奇葩—孔雀舞

优雅的孔雀舞>

傣族民间舞中最负盛名的传统表演性舞蹈，流行于云南省德宏傣族景颇族自治州的瑞丽、潞西及西双版纳、孟定、孟达、景谷、沧源等傣族聚居区，其中以云南西部瑞丽市的孔雀舞（傣语为"嘎洛勇"）最具代表性，相传一千多年前傣族领袖召麻栗杰数模仿孔雀的优美姿态而学舞，后经历代民间艺人加工成型，流传下来，形成孔雀舞。

在傣族人民心目中，"圣鸟"孔雀是幸福吉祥的象征。不但许多的人们在家园中饲养孔雀，而且把孔雀视为善良、智慧、美丽和吉祥、幸福的象征。在种类繁多的傣族舞蹈中，孔雀舞是人们最喜爱、最熟悉，也是变化和发展幅度最大的舞蹈之一。

孔雀舞没有音乐旋律的伴奏。伴奏乐器虽然仅有象脚鼓、锣、钹等打击乐，但并不显得单调。象脚鼓的鼓点异常丰富，音响变化万千，表演者一般都要选一位很好的鼓手伴奏。这样，才能打出丰富多彩、激动人心的鼓点。同时能随着表演者的舞蹈动作和情绪的变化而灵活、巧妙地变换鼓点。木架上按大小顺序排列的锣虽然只打着单一的节奏，但也能随着表演者的舞蹈动作的节奏，情绪和舞蹈动作的变化而有轻、重、快、慢之分。

女性的温柔、美丽，更使孔雀舞增加了独特的韵味和魅力。孔雀舞的内容，还增加了下山、森林漫步、追逐嬉戏、拖翅、亮翅、点水、飞翔等内容。舞蹈动作多保持在半蹲姿态上的颤动，身体的每个关节都有弯曲，形成了独特的三道弯舞姿造型。孔雀舞还十分讲究手的动作，以手形象征孔雀头颈，变化多姿，生动传神，给人一种美的享受。

轻盈灵秀，优美而灵动，似乎所有的溢美之词都不足以用来描绘傣族的孔雀舞，能歌善舞的傣族人用婀娜优美的舞姿舞出细腻真挚的情感，用舞蹈诠释爱，歌颂生活，维系着民族文化的认同。

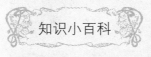

知识小百科

杨丽萍与孔雀舞

提到孔雀舞，很多人都会想到杨丽萍的名字，似乎她早已成为成为孔雀舞最好的代言人。

作为一名舞蹈演员，她的独舞《雀之灵》成为孔雀舞的经典传世之作，由她担任主演及总导演的全国首部大型原生态歌舞剧《云南映象》成为继"五朵金花"、"阿诗玛"之后诞生在云南的又一经典力作。《云南映象》是台融传统和现代为一体的舞台新作，将原生的原创乡土歌舞精髓和民族舞经典全新整合重构，展现了云南浓郁的民族风情。杨丽萍创作了一系列表现孔雀形态的舞蹈语言，《雀之灵》寄托了她对圣洁、宁静世界的向往。在《云南映象》尾声中杨丽萍第一次把她的独舞和群舞有机地编排在一起，并结合了新颖的舞蹈编排队型及声、光、效，使整段舞蹈充满着恬静的灵性及和谐的生命意识。

三、摩梭人的甲搓舞

甲搓舞就是摩梭人的"打跳"，又称"锅庄舞"或"蹉搓舞"。关于甲蹉舞的起源，相传在远古时代，先民常受外敌侵袭，因此部落首领便发动本族人在村口的场坝上燃起一堆熊熊烈火，人们围着火堆跺脚呐喊，以造声势，终于打退来敌，获得了胜利。打退敌人后，又围着火堆唱歌跳舞以示庆祝胜利，后来，这种习俗便沿袭下来，成为人们庆祝丰收，庆贺节日，祭祝神灵的舞蹈；现在甲搓舞成了群众性娱乐舞蹈，每当庆祝丰收、欢度节日、祭祝神灵时，人们都要跳起欢快的甲搓舞，青年男女也借机谈情说爱，结交阿夏（情人）。

<摩梭族甲搓舞

　　甲搓舞舞姿粗犷，节奏刚健明快，跳来令人畅快淋漓，每逢盛大的节日到来，或举行新屋落成、婚礼等重大庆典，摩梭人都会跳起甲搓舞。黄昏时分当你来到摩梭村落，可以看到篝火通明，热闹非凡，身着鲜艳服装的人们，围着火堆跳起欢快的甲搓舞，那明快的笛声和粗犷豪放的舞步，使你跃跃欲试，精神为之振奋；甲搓舞是在长期生产、生活实践中所创造的丰富独特的民间舞蹈；甲搓舞一般傍晚时在院内或场坝上举行，届时在场地中央燃起一堆篝火，领舞人用竹笛伴奏，跳舞的人们紧挽手臂，五指交叉，面向火堆，随逆时针方向起舞，舞步随音乐节奏速度快慢而变化，时而喊出"阿喏、喏！"或"迥巴拉，炯巴拉！炯嘿嘿！"的呼喊声，气势宏大，在轻快的舞蹈中，姑娘们显得落落大方，光彩照人，她们雪白的长裙随步轻盈优美地飘旋着，金银珠宝等饰物在火光映照之下闪闪发光，青丝织成的辫子在晚风中飘荡；醉人的舞蹈和艳丽协调的打扮，使姑娘们更加美丽，楚楚动人；于是，小伙子们便借机交友，用抠手心或握手的松紧程度传递爱的信息。对于抠手心这种说法，我问过许多摩梭人，有的说有这种"暗号"，有

的则说没有。还没有个定论，不管其是否真有，小伙和姑娘之间的爱情总会有一种方式去传递。

　　甲搓舞是一种集体性的民间舞蹈，它最强调参与意识，在舞场上，没有主客之分，也没有主人与观众之别，主人客人，男女老小全都加入队伍，跳舞的人越多，场面就越为壮观。天生能歌善舞的摩梭人从不吝啬展示他们的歌喉和舞姿，漫步于山间，或是荡一叶扁舟，随时都能欣赏到空气中飘来的摩梭民歌，再配上充满摩梭风情的甲搓舞，那种氛围让人情不自禁地融入彩色的人群，与摩梭人一起成为跳动的音符。

四、民族舞会——景颇族木脑纵歌

　　云南很多少数民族都有举行舞会的习俗，但最为隆重的、规模最大的当数景颇族的木脑纵歌。"木脑纵歌"是景颇语的音译，意思是歌舞盛会或大伙跳舞。木脑纵歌是景颇族用来驱恶扬善、祝颂吉祥如意、欢庆丰收的传统节日，也是景颇族最为隆重的节日。

景颇族木脑纵歌＞

古朴民俗　多彩文化

《木脑纵歌》是景颇族具有浓厚仪式性和祭祀气氛的活动，活动场地一般设在山寨中的平坦广场上。在场地的一边，人们高高竖起上面分别画有代表阳、阴两性的"太阳"纹和"月亮"纹，以各种形状线条来象征景颇族祖先，历经艰难险阻、跋涉千山万水最后定居于今日住地所走过遥远路程的四块高大木牌，木牌下还放置着具有图腾寓意的孔雀、犀鸟等吉祥物，作为整个《木脑纵歌》活动场地的祭祀标志。

知识小百科

《市脑纵歌》来历传说

据说在远古时代，只有天上太阳神的子女才会歌舞和举办歌舞活动，而大地上的人们是不会唱歌和跳舞的。一次，太阳神邀请所有的鸟类到天宫参加盛大的《木脑纵歌》活动，使鸟类学会了盛会上的所有歌舞。在飞鸟们返回大地途中，来到一片枝上结满成熟果实的森林时，长途飞行的劳累使它们决定在此停落休息。天宫美妙的歌舞，对恢复体力后的鸟儿们充满着无限的诱惑，它们便情不自禁地在大地上的森林中举行了第一次《木脑纵歌》活动。这个欢乐的歌舞盛会，被正巧进山砍柴伐木的一对景颇族男女青年看到，从此《木脑纵歌》活动便被带到了景颇族民间，一直被流传到今天。

景颇族的族人在头戴插有孔雀翎兜鍪、身着长衫，手举长刀的神师"董萨"和两位德高望重、倍受当地人们推崇的长者"脑双"带领下，排成两列纵队伴随着象脚鼓、芒锣、小三弦和葫芦丝乐曲，在广场上高高竖起的木牌前，紧密相连地围绕成圈边唱边舞。整个舞蹈动作简单，舞步刚健有力、节奏明快。数以千计的景颇族人在"脑双"的带领下，井然有序地不断变化着队伍行进的方向和路线。在舞队的行进中，英姿飒爽的青年男子，一边呼喊着口号一边挥舞手中长刀；轻柔婀娜的

我爱云南

90

少女们随舞步频频摇动彩帕，好似彩蝶纷飞、万花飘落。在这个被人们称为"万人舞"、漫长、庄严而充满欢乐的仪式舞蹈中，人们忘却了时间与劳累，用自己的舞步重蹈着古代祖先们自西北至云南的迁徙之途。

第四节　悠远而神秘的民间传说

一、最动人的爱情传说——阿诗玛

阿诗玛是彝族撒尼人的经典传说，相传很久以前在阿着底地方，贫苦的格路日明家生了个美丽的姑娘，爹妈希望女儿像金子一样珍贵闪光，给她取名叫"阿诗玛"，也就是金子的意思。阿诗玛渐渐长大了，漂亮得像一朵艳丽的美伊花。她能歌善舞，许多小伙子都喜欢她。她爱上了和她青梅竹马、两小无猜、相亲相爱的孤儿阿黑，立誓非他不嫁。一年的火把节，她和聪明勇敢的阿黑订了亲。财主热布巴拉的儿子阿支也看上了美丽的阿诗玛，便请媒人去说亲，但不管怎样威胁利诱，都无济于事。热布巴拉家乘阿黑到远方放羊之机，派人抢走了阿诗玛并强迫她与阿支成亲，阿诗玛誓死不从，被鞭打后关进了黑牢。阿黑闻讯，日夜兼程赶来救阿诗玛，他和阿支比赛对歌、砍树、接树、撒种，全都赢了阿支。热布巴拉恼羞成怒，指使家丁放出三只猛虎扑向阿黑，被阿黑三箭射死了，并救出了阿诗玛。狠毒的热布巴拉父子不肯罢休，勾结崖神，乘阿诗玛和阿黑过河时，放洪水卷走了阿诗玛。十二崖子的应山歌姑娘，救出并使阿诗玛变成了石峰，变成了回声神。从此，你怎样喊她，她就怎样回答你。她的声音、她的影子永远留在了人间。

阿诗玛的传说是撒尼人日常生活、婚丧礼节以及其它风俗习惯的一部分，在人民中间广为传唱。在彝族人的心目中，阿诗玛是美丽、善良、勇敢、忠贞的象征，她不畏强权用生命追求爱情的形象成为世世代代彝族人心目中的典范，阿诗玛和阿黑的爱情世代流传成为彝族最动人的爱情传说。化为石峰的阿诗玛见证着后来者的爱情，她用回声祝福着伟大的爱情，直到今天人们依然不远万里去石林寻找心目中的阿诗玛，恋人们手牵手走过阿诗玛和阿黑的爱情足迹，追寻最永恒的爱情。

<《阿诗玛》剧照

我爱云南

二、玉龙雪山与哈巴雪山的传说

　　纳西族民间流传着一个神奇的故事：玉龙和哈巴是一对孪生兄弟，他们相依为命，在金沙江淘金度日。一天，突然从北方来了一个凶恶的魔王，他霸占了金沙江，不准人们淘金。玉龙、哈巴兄弟俩大怒，挥动宝剑与魔王拼杀，哈巴弟弟力气不支，不幸被恶魔砍断了头，玉龙哥哥则与魔王大战二天三夜，一连砍缺了十三把宝剑，终于把魔王赶走了。从此，哈巴弟弟变成了无头的哈巴雪山，玉龙哥哥为了防止恶魔再次侵扰，日夜高举着十三把宝剑，后来也变成了十三座雪峰。而他那战斗的汗水化为了黑水、白水。玉龙雪山常被当作纳西族的外在象征，而这个传说中的玉龙英雄，则成为纳西人民内在精神的象征。纳西族的保护神"三朵"，就是玉龙雪山的化身。

　　另一则传说是：金沙江、怒江、澜沧江和玉龙山、哈巴山，原是五兄妹。三姐妹长大了，相约外出择婿，父母又急又气，命玉龙、哈巴去追赶。玉龙带十三柄剑，哈巴挎十二张弓，抄小路来到丽江，面对面坐着轮流守候，并约下法章：谁放过三姐妹，要被砍头。轮到哈巴看守时，玉龙刚睡着，金沙江姑娘就来了。她见两个哥哥挡住去路，便低头细想，把脚步放得很轻很轻。忽然心头一亮，她唱起了婉转动人的歌，唱得守关的哈巴神魂迷醉，渐渐睡着了。她边唱边走，一连唱了十八支，终于从两个哥哥的肢边穿过去，一出关口，便高兴得大声欢笑着奔跑而去。玉龙醒来见这情景，又气又悲，气的是金沙姑娘已经走远，悲的是哈巴兄弟要被砍头。他不能违反约法，慢慢抽出长剑砍下熟睡中的哈巴的头，随即转过背去痛哭，两股泪水化成了白水和黑水，哈巴的十二张弓变成了虎跳峡两岸的二十四道弯，哈巴的头落到江中变成了虎跳石。

三、大理蝴蝶泉的传说

离周城不到两公里，在苍山十九峰的第一峰云弄峰下，有一处蝴蝶泉，是大理白族的名胜景地，关于蝴蝶泉的由来，民间流传着种种解释和神奇有趣的故事。其中有一个故事是：

蝴蝶泉原名无底潭，潭边住着樵夫张老爹和孤女雯姑。一天，父女俩上山砍柴，忽见一只受伤的小鹿跑来伏倒在雯姑身边，呦呦哀叫。不一会，一个手持弓箭的猎手也紧紧追了上来。雯姑抱起可怜的小鹿向猎人求情，请求不要杀死小鹿。猎人名叫霞郎，他接受了雯姑的请求，

＜蝴蝶泉

即以小鹿相赠，并从药囊中取出药粉，为小鹿敷药治伤。雯姑对霞郎感激不尽。此后，他俩常在无底潭边相会。雯姑还把自己绣有一百只蝴蝶的"百蝶叶"作为爱情的信物送给霞郎。

谁知在大理城的虞王，对美貌的雯姑早就垂涎三尺了。他求婚被拒绝后，借口要让雯姑去虞王府里绣百蝶，把她抢走。张老爹上前救护，竟被虞王府兵丁活活打死。通人性的小鹿目睹这一幕幕惨状，立即飞奔上山找到霞郎，咬着他的衣裳往山下拽。霞郎来到无底潭边，见了雯姑的遗信，他先安葬了老人，随后便背上弓箭，骑马举刀赶到虞王府。趁着夜深人静，霞郎救出了雯姑。虞王发现后，急派总管率兵追来。霞郎张弓搭箭，一箭射倒一个追兵……无奈追兵人多势众，霞郎只得护着雯姑且战且退，最后退到无底潭边。这时，霞郎的箭射完了，刀也砍断了。在无路可逃时，霞郎雯姑相抱着跃入无底潭，小鹿也跟着跳下了潭。说来也怪，就在他俩跳潭时，万里晴空突然变为电闪雷鸣，下起暴雨，把虞王的总管和兵丁吓跑了。

雨过天晴，鸟语花香，潭中飞起一对大彩蝶，随后又飞出一只只彩蝶。相传，他们就是霞郎、雯姑及小鹿和霞郎贴身所带的"百蝶叶"的蝴蝶变出的。

为纪念霞郎、雯姑，人们不但把无底潭改名蝴蝶泉，还在他俩跳潭殉情的农历四月十五这天，到泉边凭吊，怀念这对坚强不屈的情人。一对对情侣恋人，还在这天到泉边聚会，唱调子，跳舞，倾诉爱意。四面八方的彩蝶，也在这天纷纷飞来泉边相会，遂成大理的奇异景观之一。

古朴民俗　多彩文化

第五节 独特的民族节日

一、傣族泼水节

泼水节亦称宋干节，是傣族最隆重的节日，也是云南少数民族中影响面最大，参加人数最多的节日。泼水节是傣族的新年，相当于公历的四月中旬，一般持续三至七天。第一天傣语叫"麦日"，与农历的除夕相似;第二天傣语叫"恼日"（空日）;第三天是新年，叫"叭网玛"，意为岁首，人们把这一天视为最美好、最吉祥的日子。

泼水节源于印度，是古婆罗门教的一种仪式，后为佛教所吸收，约在12世纪末至13世纪初经缅甸随佛教传入中国云南傣族地区。随着佛教在傣族地区影响的加深，泼水节成为一种民族习俗流传下来，至今已数百年。在泼水节流传的过程中，傣族人民逐渐将其与自己的民族神话传说结合起来，赋予了泼水节更为神奇的意蕴和民族的色彩。

傣族泼水节为期三至四天。第一天为"麦日"，类似于农历除夕，傣语叫"宛多尚罕"，意思是送旧。此时人们要收拾房屋，打扫卫生，准备年饭和节间的各种活动。第二天称为"恼日"，"恼"意为"空"，按习惯这一日既不属前一年，亦不属后一年，故为"空日";第三天是

我爱云南

泼水节＞

元旦，叫"麦帕雅晚玛"，人们习惯把这一天视为"日子之王来临"；第四天是新年，叫"叭网玛"，敬为岁首，人们把这一天视为最美好、最吉祥的日子。节日清晨，傣族男女老少就穿上节日盛装，挑着清水，先到佛寺浴佛，然后就开始互相泼水，互祝吉祥、幸福、健康。人们一边翩翩起舞，一边向别人泼水，被水泼到了也笑靥如花，锣鼓之声响彻云霄，祝福的水花到处飞溅，场面真是十分壮观。

每到泼水节，傣族人民就到附近的山上采集一些鲜花和树叶，到了节日这天，傣族男女老少就穿上节日盛装，挑着清水，先到佛寺浴佛，再拿着采集的花叶沾水，开始互相泼水，你泼我，我泼你，一朵朵水花在空中盛开，它象征着吉祥、幸福、健康，青年手里明亮晶莹的水珠，还象征着甜蜜的爱情。大家互相泼啊泼，到处是水的洗礼、水的祝福、水的欢歌。朵朵水花串串笑，泼水节成了欢乐的海洋。泼水节的内容，除了泼水，还有赶摆、赛龙舟、浴佛、诵经、跳孔雀舞、丢包、放高升、放孔明灯等习俗。

古朴民俗 多彩文化

二、彝族火把节

彝族火把节是所有彝族地区的传统节日，流行于云南、贵州、四川等彝族地区。白、纳西、基诺、拉祜等族也过这一节日。火把节多在农历六月二十四或二十五日举行，节期三天。农历六月二十四日的火把节是彝族最隆重、最盛大、场面最壮观、参与人数最多、最富有浓郁民族特征的节日，更是全族人民的盛典。

佳节之前，各家都要准备食品，在节日里纵情欢聚，放歌畅饮。火把节期间，各村寨以干松木和松明子扎成大火把竖立寨中，各家门前竖起小火把，入夜点燃，村寨一片通明；同时人们手持小型火把成群结队行进在村边地头、山岭田埂间，将火把、松明子插于田间地头。

< 盛大的火把节

我爱云南

远处望去，火龙映天，蜿蜒起伏，十分动人。最后青年男女会聚广场，将许多火把堆成火塔，火焰熊熊，人们围成一圈，唱歌跳舞，一片欢腾，彻夜不息。

火把节的主要活动在夜晚，人们或点燃火把照天祈年，除秽求吉，或烧起篝火，兴起盛大的歌舞娱乐活动。节日期间，还有赛马、斗牛、射箭、摔跤、拔河、荡秋千等娱乐活动，并开设贸易集市。男女老少都穿上节日的盛装，姑娘们身着美丽的衣裳，跳起"朵洛荷"，当傍晚来临的时候，上千上万的火把，形成一条条的火龙，从四面八方涌向同一个地方，最后形成无数的篝火，烧红天空。人们围着篝火尽情地跳啊唱啊，一直闹到深夜，场面盛大，喜气浓烈，因此享有"东方狂欢节"的美誉。当篝火要熄灭的时候，一对对有情男女青年悄然走进山坡，走进树丛，在黄色的油伞下，拨动月琴，弹响三弦，互诉相思，因而也有人将彝族火把节称作是"东方的情人节"。

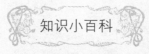

知识小百科

火把节由来传说

一说天神与地神斗争，人们用火把助地神灭虫战胜天神。一说出自《南诏野史》及《滇系》。这两书载：南诏首领皮罗阁企图并吞另五诏，将召五诏首领集会于松明楼而焚杀，邓赕诏妻慈善谏夫勿往，夫不从而被杀，慈善以精明的智慧和对丈夫执着的爱恋，找到丈夫的尸体并将其安葬，滇人以是日燃炬吊之。石林彝族撒尼人视火把节为纪念民众与恶魔斗争胜利的节日；武定彝族认为过火把节是要长出的谷穗像火把一样粗壮。后人以此祭火驱家中田中鬼邪，以保人畜平安。

古朴民俗　多彩文化

三、大理三月街

　　"千年赶一会，一会赶千年"的大理三月街，又名"观音市"，是白族盛大的节日和佳期。每年农历三月十五至二十日在大理城西的苍山脚下举行。每逢会期，古城大理西门外的崇圣寺畔、元世祖平云南碑前，商旅云集，结棚为市，人语喧哗，热闹非常。

　　传说，云南洱海边上住着一位年轻的白族渔夫阿善。夜晚，他在湖上打渔，弹着三弦，唱起渔歌，歌声传到龙宫。龙王小女阿香听见了，来到船上，与阿善结为夫妻。三月十五，是月亮里赶集的日子，各路神仙都到月宫去买东西。阿香变成小黄龙驮着阿善去赶集。他们来到月宫，与嫦娥、吴刚一起游了大青树下的月亮街，街上热闹极了，万

<大理三月街

物透明闪亮，看得见，摸不着。他们回到村里，把月亮里赶集的情况告诉乡亲，大家决定模仿月亮街，在苍山脚下种起三株大青树，定三月十五日在大树周围摆摊设点，让四乡八寨的人前来赶集。大理的"三月街"就这样延续到今天。

因大理是通往中原与东南亚诸国南方丝绸之路上的重要通商口岸，商品经济日渐发展，逐渐演变为具有浓厚民族色彩的商贸集会。每年农历三月十五日至二十一日，滇西各少数民族便纷纷前来，在苍山中和峰下进行牲畜、药材等土特产的交易，省内外均有人来参加，规模宏大，闻名中外。

据《大理县志稿》记载："盛时百货生意颇大，四方商贾如蜀、赣、粤、浙、桂、黔、藏、泰、缅等地，及本省各州县之云集者殆十万计，马骡、药材、茶市、丝绵、木材、磁、铜、锡器诸大宗。"1991年起，三月街已定为大理白族自治州民族节。各族人民进行物资交流和文艺体育盛会，共同欢庆，每逢街期人潮如涌，川流不息，各族服装，争奇斗艳；赛马场上，各族骑手角逐竞技；对歌场上，尽情欢舞，歌声此起彼伏；各族群众的民间歌舞，使人目不暇接，非常热闹。在商市贸易上文经结合，成交数额较大，成了大理主要经贸交易会。

四、傈僳族的刀杆节

傈僳族刀杆节，傈僳语叫"阿堂得"，意思是"爬刀节"，它可以称得上是世界上最惊险的民族节日。它是居住在云南省怒江傈僳族自治州泸水县境内的傈僳族以及彝族的传统节日，节期是每年正月十五日。

在刀杆节这天，几名健壮男子先表演"蹈火"仪式。他们赤裸双脚，跳到烧红的火炭堆里，模仿各种禽兽动作蹦跳翻滚，表演各种绝技。第二天，他们把磨快的 36 把长刀，刀刃口向上分别用藤条横绑在两根 20 多米高的木杆上，组成一刀梯。表演者空手赤足，从快刀刃口攀上顶端，并在杆顶表演各种高难动作。如今，这顶惊险的传统祭奠仪式，已演变为傈僳族好汉表演绝技的体育活动。

这一天人们都穿上节日的盛装，成群结队地来到"刀杆节"会场，观看"上刀山，下火海"活动，姑娘们围着她们的英雄跳起节日的舞蹈，为他们加油助威。"上刀山，下火海"包括点花、点刀、耍刀、迎花、设坛、祭刀杆、竖杆、祭龙、上刀、折刀、下火海等步骤，其间有一套严格的仪式。其中上刀山和下火海是仪式中最为惊心动魄的环节。

"上刀山，下火海"是刀杆节中主要的习俗表演活动，它再现了山地民族翻山越岭的生活经历及攀藤负葛的艰苦卓绝精神，同时也是一种民间传统习俗活动。傈僳族刀杆节，相传是纪念一位对傈僳族有重恩的古代汉族英雄：明代兵部尚书王骥受朝廷派遣，率兵马到云南边陲傈僳族居住地区部署军民联防，平息叛逆，收复被侵占的土地，在当地百姓的配合下，赶走了入侵的敌人。为了使边境民富兵强，他带

< 上刀山

领傈僳青年习武练勇。后来皇帝听信谗言，毒死王骥。傈僳族人民把这位英雄献身的忌日定为自己民族的传统节日——刀杆节，并用上刀山、下火海等象征仪式，表达愿赴汤蹈火相报的感情。

第六节　古老的婚俗

一、摩梭人的阿注婚

直到 21 世纪的今天，在泸沽湖畔仍然保留着母权制家庭形式，摩梭人就生活在此，被人们称为神秘的"女儿国"。

摩梭人至今仍保留着自己独特的婚俗，"走婚"也叫"阿注婚"，男性和女性均不结婚，除非是家族需要女性延续后代或男性劳动力才会娶妻或招婿。青年男女日间多为集体活动，透过歌唱、舞蹈向心上人表达心意，具有感情基础后，二人均同意，可以进行"走婚"。走婚时，男方只能在入夜后偷偷潜入（摩梭人称为"摩入"）女方"花楼"（即女方房间），与女方同床后，天亮之前离开（"梭出"）。

这种婚姻关系不受家长、亲族的干预、强迫，也不太注重对方的门第、身份和地位。选择上较为注重家族（母系血缘的男女之间禁止结交），看重对方的人品、才干、外貌等，在结交阿肖中女方的意愿受

　　　　　　　　　　　　　　　　　　　　　古朴民俗　多彩文化

到最大限度的尊重，一般以女方的爱憎来取舍。男性称女情人为"阿夏"，女性称男情人为"阿注"。二人走婚生下的子女由女家抚养，男方不需负担，但父亲和子女都知道彼此的亲子关系。走婚的男女分手后，仍可以自由与其他人重新进行走婚。

在优美的泸沽湖畔，勤劳善良、情深似海的摩梭姑娘们在属于自己的花房里编织着属于自己的爱情童话，她们是真正的公主，没有古圣先贤留下的清规戒律，她们无需烦恼忧伤，因为她们时刻充满期待，等待着属于她们的有情人来轻叩她们的房门，她们不会为金钱、物质和权力妥协，她们遵循自己的心在这神奇的土地上生活、恋爱，在母亲湖的湖光水色中挥洒着质朴的本色，在摩梭人最隆重、最热烈的格姆女神的庆典——转山节中尽情舞动，舞出生活的甘甜和快乐。

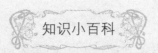

知识小百科

走婚——摩梭人心中专一而神圣的婚姻关系

外面人传言，"摩梭人，摩梭人，摸摸索索就走婚"，那是错误的。实际上，摩梭人找阿夏和走婚也是一件极认真的事情。只有经过多次接触和深入了解，在有感情的基础上才能确立阿夏关系的，并且，一但结成阿夏，形成走婚关系，就再不会同别的异性走婚。摩梭人也讲爱情的专一，不管男女，同处两个以上的阿夏，一旦让人知道，就连原来的阿夏都会离开他，并且他再也难找阿夏了。凡是走婚的男女只有夜晚在一起，天一亮男子就回自己家里同母亲、姐妹、兄弟一起生活。生出的孩子只归女方所有，男方不承担任何抚养责任。所以，一个家庭中的孩子，只有外祖母没有外祖父，只有母亲、舅舅和姨姨没有父亲、姑姑和叔叔；只有姐姐妹妹、哥哥弟弟而没有堂兄妹。最年长、辈分最大的女性支配财产是摩梭家庭的主要特点。家庭关系以母系做纽带，亲情关系更密切，所以出现十几口、几十口人的大家庭是常见的。在这样的家庭里，不会出现不赡养老人的现象；兄弟、姐妹都没有各自的固定配偶，不存在妯娌、婆媳之间的矛盾；女性所生的孩子由兄弟姐妹共同抚养，不存在遗弃孩子的现象；没有父子关系，不存在财产继承问题，少去了不少烦恼。

二、好聚好散的"离婚茶"

在中国从古到今婚俗一直被认为是最隆重、最复杂的礼俗形式，婚姻意味着幸福、意味着甜蜜，而在中国的文化中直到今天离婚依然被认为是痛苦的，是不愿去触及的，曾经相爱的人携手走进婚姻的殿堂，一同期待属于他们的美好未来，然而一旦爱情不在，婚姻破裂，转瞬便可形同陌路，这是大多数人脑海中的场景。

令人意想不到的是在滇西一个叫诗礼的穷乡僻壤，面对离婚人们既不会大吵大闹，也不会痛不欲生，他们选择坐下来，挑一个吉日，用喝茶的方式解决问题，这样的茶叫"离婚茶"，也叫"好聚好散茶"。

选择一个吉日，离婚的双方在村中长辈面前坐定，男女双方谁先提出离的由谁负责摆茶席，请亲朋好友围坐，主持人一样的长辈会亲自泡好一壶"春尖"茶，递给即将离婚的男女，让他们在众亲人面前喝下。如果这第一杯茶男女双方都不喝完，只象征性地品味一下，那么，则证明婚姻生活还有余地，还可以在长辈们的劝导下重新和好，如果双方喝得干脆，则说明要继续生活下去的可能变得越来越小。

第二杯还是要离婚的双方喝，这一杯较前一杯甜，是泡了泡米花的甜茶，这样的茶据说是长辈念了72遍的祝福咒语，能让人回心转意，只会想对方的好，不会记较对方的坏，还听说这第二杯茶曾让无数即

古朴民俗 多彩文化

将分道扬镳者言归于好，从此和和睦睦，不计前嫌。

可是如果这样的茶，还是被男女双方喝得见杯底的话，那么就只有继续第三杯。这第三杯是祝福的茶，在座的亲朋好友都在喝，不苦不甜，并且很淡，喝起来简直与温吞水差不多。这杯茶的寓意很清楚，从今以后，离婚了的双方各奔前程，说不上是会苦还是甜。因为离婚没有赢家，先提出离的一方不一定会好过，被人背弃的一方说不定因此找到真正的知音。

喝完三杯茶，主持的长辈就会唱起一支古老的茶歌，旋律让人心伤，大意是这样的："合婚五彩斑斓，离婚天地荒凉，茶树上两只小鸟，从此分离，人世间一对夫妻，从此无双。"茶歌唱得让在座的亲朋好友也会泪水盈盈，就是要即将各奔东西的男女，也会不住地抹眼泪；如果男女双方此刻心生悔意，还来得及握手言和，只是，如果言和，还得再喝三杯茶。

这三杯茶分别是：第一杯是甜茶，也称为回忆茶，或回味茶，尽管走到离婚的地步，每一对婚姻男女都有过甜蜜的爱恋，然而随着时光的流逝，彼此心生疲惫甚至是厌倦，再甜的生活也会被时光冲淡，变得索然无味，这时喝杯甜茶，希望他们怀念过去那些美好的时日。第二杯是苦茶，是苦得张不开嘴的那种，既然有心再度团圆，苦不吃恐怕不行，人生之旅充满坎坷，没有一马平川，想要白头到老，不准备吃些苦绝对不行。第三杯虽叫茶，却只是用茶杯斟着的白开水，告诫第二次握手的男女，生活就像白开水一杯，味道不苦不甜，相爱相敬的夫妻，即使是白开水也充满甘甜的味道。

第五章

英雄辈出　人物风流

　　在历经几千年的历史发展中，云南是这一整体中不可分割的一部分，中原王朝走过的几千年的风风雨雨总是与彩云之南这个美丽的名字有着千丝万缕的联系。自古边疆多豪杰，当历史的硝烟已经散尽，昔日彩云之南的历史长空中留下了无数颗耀眼的繁星，他们是中流砥柱，他们用自己的智慧和胆魄力挽狂澜，推动着历史的发展。

∧ 缪嘉蕙《花卉》

第一节　伟大的航海家—郑和

翻开大明王朝的历史，或许有人不记得金戈铁马的英雄人物，跌宕起伏的王朝轶事，但一定会记得一个名叫郑和的人，以及他流传千古的下西洋的壮举。郑和无疑是中国乃至世界航海史上具有开创性贡献的最伟大的航海家，他原名马三保，祖籍云南昆明，他的才能在他一生所做的各项伟大事业中体现得淋漓尽致，他在航海、外交、军事、建筑等诸多方面都表现出卓越的智慧与才识。

从永乐初年起，郑和按照明成祖朱棣的安排转向航海事业，在郑和早期的航海活动中，郑和已在研究和分析航海图、通晓牵星过洋航海术、熟通各式东西洋针路簿、天文地理、海洋科学、船舶驾驶与修理的知识技能。从明永乐三年（1405）至宣德八年（1433），郑和先后率领庞大船队七下西洋，经东南亚、印度洋，亚洲非洲等地区，最远到达红海和非洲东海岸，航海足迹遍及亚、非等30多个国家和地区。这七次航行的规模之大，人数之多，组织之严密，航海技术之先进，航程之长，不仅显示了明朝国家的强大，也充分证明了郑和统帅千军的才能。

郑和下西洋是一次外交行为，当时明朝国力强盛，郑和率领的庞大船队，就其活动的性质来说，既不是一般的商船队，也不是一般的外交使团，而是由封建统治者组织的兼有外交和贸易双重任务的船队。他出使的任务之一，就是招徕各国称臣纳贡，与这些国家建立起上邦大国与藩属之国的关系。为了完成这一任务，郑和所到各国以后，第一件事便是宣传朱棣的皇帝诏书。向各国宣谕：明朝皇帝乃奉天承运的上邦大国之君，是奉"天命天君"的旨意来管理天下的，四方之藩夷都要遵照明朝皇帝说的去做，各国之间不可以众欺寡，以强凌弱，要共享天下太平之福。如果奉诏前来朝贡，则礼尚往来，一律从优赏赐。第二件事便是赠送礼物。赐各国国王诰命银印，赐国王及各级官

< 郑和像

我爱云南

员冠服和其他礼物，表示愿意和那些国家建立和发展友好的关系。第三件事是进行贸易活动。以中国的手工业品换取各国的土特产品，使各国为中国的精美、完好的手工业品所吸引，从而愿意来中国称臣纳贡，进行贸易活动。

　　1998 年，美国《地理》杂志评选一千年来，一百位对全世界影响、贡献最大的人物，中国仅有五人入选。他们分别是郑和、忽必烈、毛泽东、曹雪芹、朱熹，排在第一位的是航海家郑和，可见即使过了几百年郑和下西洋的事迹依然铭刻在人们的记忆里，除了明朝强盛的国力、先进的航海技术带给世人的震撼，郑和的个人魅力给当时的其他国家留下的印象也是他得以青史留名的原因。郑和他出身平凡没有什么背景，仅靠个人的努力赢得皇帝的信赖，成为背负天朝使命的第一人，和新航路开辟时期航海家们为殖民侵略探路有着本质的不同，郑和率领他的船队时刻彰显着大国的风范，郑和的船队带来的是丰富的贸易品和援助品，他的船队从未主动攻击过，即使是自卫也很有分寸，从不仗势欺人。西洋各国的人们，无论人种，无论贫富，都能从这些陌生的人脸上看到真诚的笑容，他们心中明白，这些人是友善的给予者。郑和和他的船队不是武力征服者却用真诚的笑容、友好的行动征服了沿途所有的国家，当郑和率领浩浩荡荡的船队经过，人们不会躲避更不会逃窜，而是欢欣鼓舞热烈欢迎这些远方来的客人，经过郑和的努力，西洋各国于明朝建立了良好的关系，虽然彼此之间生活习惯不同，国力相差很大，但开放的大明并未因此对这些国家另眼相看，它以自己的文明和宽容真正从心底征服了这些国家，无论是行为本身还是它在当时和后世的价值，郑和都称得上是最伟大的航海家，是和平和文化交流的使者。

第二节　明代医学家兰茂

　　兰茂，字廷秀，号止庵，云南省嵩明县杨林人，祖籍河南洛阳，是明代和云南历代最负盛名的药物学家、音韵学家、诗人和教育家。《云南通志》记载，兰茂自幼聪明，读书过目成诵，是少有的"神童"般人物，且"潜心理道，淹通经史，凡黄冠、淄流、医方、卜筮、风角之书靡不穷究其奥"。

<《滇南本草》

我爱云南

兰茂是云南历史上难得的奇才、全才，一直被当地百姓称为"兰仙人"。兰茂编著的《滇南本草》，比李时珍的《本草纲目》早142年。大名鼎鼎的杨林肥酒、云南白药、灯盏花、虎力散等，都是参考《滇南本草》的药物配方研制的。兰茂写出了云南第一部声律启蒙的读物《声律发蒙》，对普通话的"成型"和中国音韵学的发展做出了贡献。此外，他还著有《玄壶集》、《续西游记》等19种书和170多首诗作。

　　兰茂在医药学上的重大成就，来源于他的刻苦钻研和辛勤实践。他"遍访滇池流域及滇南各地"访医问药，曾到过会泽县金钟山采药行医，为会泽人民治病，受到当地人民的爱戴，人们在金钟山盖有兰公祠崇祀，现还存部分遗迹。

　　永乐十五年（1417年），兰茂开始编著医药学专著《滇南本草》。他为了著书采药，几乎踏遍了云南全境：东至滇黔川边界，南达中老边境，西临中缅边界，北至金沙江两岸。他花了近20年时间，终于在正统元年（1436年）完成了独具地方特色的药物学专著《滇南本草》，全书约10万余字，载药物544种，多数为云南地方性中草药。是一本药物与方剂结合，便于使用，有独创性的药物学专著。其中很大一部分载入1974年版《云南地方药品标准》及1977年版的《中华人民共和国药典》；有37种药物受到国外医学界推崇，并被东南亚各国所采用。如驰名中外的云南白药，专治风湿的虎力散，祛风除湿的肾福宝，专治偏瘫的灯盏花等等，都是各医家和药厂采用《滇南本草》的药物配方研制的。

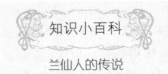

知识小百科

兰仙人的传说

　　八仙知道兰茂在民间做了很多善事，认为他已经"功德圆满，可以成仙"。于是就让汉钟离倒骑着马来到杨林玄天观，引得一群学童围观，兰茂大呼"危险！"汉钟离对兰茂说："你出主意让人家去打麓川，伤害了多少性命。玉帝要是降罪于你，那才危险呢！"兰茂知此人不是凡人，请求指点。汉钟离说："你既知悔过，就能化险为夷。"说罢用马鞭在兰茂肩上点了一下，就一阵风不见了。原来汉钟离见兰茂舍不下教书讲学的事，杨林人也离不开兰茂，就临时改了主意，不忍心将兰茂收为天仙，把他点成了地仙。

第三节　富甲全滇的名商王炽

王炽（1836——1903年），字兴斋，男，汉族，云南弥勒县虹溪人。英国《泰晤士报》曾对百年来世界最富有的人进行统计，排在第四位的便是王炽。而且，他是唯一一名榜上有名的中国人。中国封建社会唯一的一品红顶商人。民间称为"钱王"。

王炽"幼而颖异"，但由于父兄早逝，家计甚窘，少年的王炽不得不放弃读书，拿着母亲变卖首饰和衣物凑得的20两银子，出门学做生意。他从家乡弥勒虹溪购土布挑到竹园、盘溪贩卖，又把那里的红糖购回销售。凭着勤劳和机敏，王炽不久就积攒得百多两银子。于是，他扩大经营范围，组织马帮，往返贩运土杂百货于临安（今建水）府属各县和泸西、师宗、丘北之间。及至王炽20岁时，他已在滇南一带小有名气。

清同治初，王炽避祸重庆。见重庆商业繁盛，又居水陆交通要冲，宜在此设庄贸易，于是，租得临街房屋一间，正式挂出"天顺祥"商号。清同治十一年（1872），王在昆明主持"同庆丰"商号，并设"兴文公当"兼营房地产，修建昆明同仁街，在弥勒、宜良等地广置田产，年收租

君府齊與公王

像遺八有十六

王炽晚年遗像 >

息千余石。经 20 年经营"天顺祥"、"同庆丰"商号,资金雄厚,号称"南邦之雄",驰名省内外。

　　王炽死后归葬故里,墓地选在连绵千里的乌蒙山这条巨龙的上嘴唇上,气势超过昆明园通山上的云南都督唐继尧墓。

　　光绪九年(1883 年),法国侵略越南,朝廷诏命提督鲍超会同云南巡抚岑毓英统兵援越抗法,时军费紧缺,王垫支银 60 万两。战后,岑、鲍班师回国,遣散兵勇又需军费,王又垫银相助。岑、鲍甚为感激,岑赐"急公好义"、鲍赐"义重指国"匾额以旌表。后经岑保奏赐王炽四品道员职衔,恩赏荣禄大夫二品顶戴,封典三代一品。

　　光绪十三年,唐炯调任云南矿务督办大臣,派王炽为矿务公司总办。王为筹办云南铜、锡矿业,先后垫支开发基金银 10 万两。王炽在办矿业中大获其利,成为"富甲全滇"的企业家。

　　王炽既善运谋致富,也用财有方。他曾捐银兴建弥勒境内盘江铁索桥两座，捐银 1513 两重修泸西直隶州（今泸西县）城孔庙，出资修筑虹溪街道，铺设昆明城至碧鸡关石板路，在昆明建盖弥勒会馆，划拨"兴文公当"资金馈赠本省举人赴京会试费用。光绪二十六年，陕西、山西两省大旱，王捐银 2 万两赈恤，获朝廷旌表。

王于光绪二十九年病故，归葬虹溪烟子寨。王故后，其子鸿图继父经营"同庆丰"、"天顺祥"商号，光绪三十二年任第一届云南商务总会协理，宣统元年（1909 年）继任二届商务总会总理，次年倡办昆明耀龙电灯公司，民国 3 年（1914 年）参与开办昆明自来水公司，其经济实力和经营能力当时曾称雄云南商界。

第四节　晚清宫廷女画师缪嘉蕙

缪嘉蕙，字素筠，1841 年出生于昆明一书香世家。缪嘉蕙自幼习书画，由于训练有素，勤奋好学，才华过人，年轻时她便已在云南、四川一带小有名气。其作品笔墨清新、设色典雅、形神毕肖，尤以花鸟工笔画为佳。她也工小楷，字迹秀拔刚健，超凡脱俗。

缪嘉蕙 15 岁时嫁给昆明人陈瑞并随陈瑞到四川做官。陈瑞在缪嘉蕙怀孕之际因病去世，缪嘉蕙回到昆明娘家生下孩子，靠卖画抚育幼子。后来云南爆发了起义，为避战乱，缪嘉蕙迁往四川，投靠在四川西充做官的哥哥缪嘉玉。在四川，缪嘉蕙仍以卖画为生，据说由于其通文史，曾被西充县令聘掌书院。

我爱云南

∧ 缪嘉蕙《花卉》

　　慈禧太后晚年，热衷于学画习字，并乐于将自己的字画赏赐大臣。由于求字画者众，慈禧应对不暇，便想到找女画家进宫为其代笔。1889年，慈禧下诏各省选送女画家入宫。

　　缪嘉蕙的绘画当时在四川已较有名气，慈禧选女画家的诏书一下，四川督抚立即想到缪嘉蕙是非常合适的人选，并立即派人将缪嘉蕙送至京师。

　　缪嘉蕙在北京通过层层选拔，最后由慈禧太后亲自进行面试。在慈禧面前，缪嘉蕙先画了一幅《布袋和尚》，慈禧并不满意，后来她以颐和园景为题材画了一幅《秋韵深远》方被慈禧认可。

　　因缪嘉蕙的关系，缪嘉蕙的哥哥缪嘉玉得以被第二代醇亲王载沣（溥仪父亲）请去作学馆先生，即家庭教师。今故宫博物院所存的一张恭亲王和醇亲王的合照"昆仲联床图"上的题字即为缪嘉玉所书，落

英雄辈出　人物风流

有"缪嘉玉谨题"五字。

由于皇宫中藏画甚丰，缪嘉蕙得以有机会见识到许多古代佳作并从中学习。缪嘉蕙日日勤奋绘画，除教慈禧绘画，主要是代慈禧作画，以花鸟画为主，也画山水、人物及扇面等。有说她还曾教过珍妃绘画。在宫中，缪嘉蕙也偷偷画一些作品托人捎到北京琉璃厂去出售，由于是御用画家，她的画在市场上可以卖到很高的价钱。

缪嘉蕙于48岁进宫，在皇宫中呆了19年，她在慈禧去世后不久的1908年离开皇宫，以67岁高龄结束了她的宫廷生活。离开皇宫后缪嘉蕙在北京什刹海醇王府旁买了一所宅子，在那里安度晚年。出宫后的缪嘉蕙游三峡、登泰山，足迹达五省的名山大川，据说还收过女弟子三名。此间，缪嘉蕙画了一组27幅"造极而舒心"的作品，造诣极高。1918年，缪嘉蕙在北京去世，享年77岁。

1941年，昆明书画界为缪嘉蕙举办"缪素筠诞辰100周年纪念"活动，郭沫若作诗曰："苍天无情人有情，彩霞岂能埋荒井？休言女子非英物，艺满时空永葆名。"

第五节　云南独立革命的先驱——唐继尧

民国时期局势动荡不安，风云变幻，云贵高原迎来了一个不平凡的时代，这是一个英雄辈出的年代，各路群雄纷纷揭竿而起，而首先扛起云南独立大旗的正是蔡锷与唐继尧。如果说蔡锷是云南独立革命

我爱云南

唐继尧>

的开拓者和领路人，那么唐继尧无疑是蔡锷最好的伙伴和接棒人。生于云南会泽的唐继尧对故乡有着浓厚的感情，他的一生都在为这片土地的独立做斗争。

在旧军阀中，唐继尧无疑是一个复杂的人，有人评价他是满腔热血的爱国将领，也有人认为他是野心勃勃的军阀，然而毋庸置疑的是基于他对云南这片故土的热爱，他的一生都坚定地维护云南的独立，即使在最艰难的时候，他也依然不顾一切守护他所开创的事业直至含恨去世，他在云南任职期间为后来的精锐劲旅—滇军的形成发展奠定了基础。

唐继尧上任云南都督时，滇军只有两个师的陆军，短短的时间里，扩充到三个军，人数在十万人上下，唐继尧上任云南都督以后，整军治武，以办训练团的名义，从北洋军阀手里骗取了不少武器装备（护国战争之前）。另外，他还四处派人，从德国、日本、法国（法国的武

英雄辈出　人物风流

器主要由当时的法殖民地越南运入云南）购进不少武器，这些武器充实到滇军里，大大提升了滇军的战斗力，他上任以后，在行政管理方面也做了不少事情，例如在会泽组建铜业有限公司，在全省对矿业实行统一管理，鼓励商业活动等等。这些措施，有力的保证了全省的财政收入，成为后来护国战争的重要经济支撑。

唐继尧逝世之后，在他身上还发生了一件十分离奇的事件，于1936年落成的大观楼公园内的唐继尧铜像的上半身在上世纪50年代离奇失踪，至今已有近半个世纪的时间。关于铜像的下落昆明人说法不一，甚至在流传过程中已演变成一大悬案，至今仍有人会追问铜像上半身的下落。作为一位"敢为天下先"的护国元勋，唐继尧的一生无疑是功大于过，如今"护国三杰"中的两杰——蔡锷、李烈钧的铜像在各自家乡建成之后，该不该恢复重建"护国三杰"之一的唐继尧的铜像，重现其"立马华山，推翻专制；挥戈燕京，重建共和"的光辉形象，这是摆在云南人面前的一个应该回答的问题。

第六节　振奋人心的国歌之父——聂耳

"起来，不愿被奴隶的人们，把我们的血肉筑成我们新的长城，中华民族到了最危险的时候……"，多少年后当这首歌伴随着中华民族走过浴血奋战、保家卫国的抗日战争，走过艰难困苦、开创未来的新中国建设，熟悉而激扬的旋律飘荡在整个中华大地，也飘向世界的各

我爱云南

聂耳>

个角落，每当旋律响起，遥想一代代中华儿女前赴后继的身影，热泪依然会不由自主地在脸上滑落，激励着当代中国人奋勇前行。

这首响彻了几个时代的旋律名叫《义勇军进行曲》，它的作者名叫聂耳，生于云南玉溪一个穷苦人家的聂耳从小对劳苦大众有深厚的感情。他在有限的生命中创作了数十首革命歌曲，他的一系列作品，正是共产党领导的人民革命的产物。聂耳开辟了中国新音乐的道路，是中国无产阶级革命音乐先驱。

聂耳从小热爱音乐，1918 年就读于昆明师范附属小学。利用课余时间，聂耳自学了笛子、二胡、三弦和月琴等乐器，并开始担任学校"儿童乐队"的指挥。1922 年，聂耳进入私立求实小学高级部（现昆明第十中学），1925 年考取云南省第一联合中学（现昆明市第二中学）插班生。时值第一次国内革命风暴在中国南方兴起，他开始受到进步书刊和《国际歌》等革命歌曲的影响。1927 年入云南第一联合师范学校（现昆明学院）学习，在校期间参与了学生组织"读书会"的活动，并与友人组织"九九音乐社"，经常参加校内外的演出活动。并开始学习小提琴。1931 年入黎锦晖主持的明月歌舞剧社任小提琴手，1932 年 7 月发表《中国歌舞短论》，并因批评黎氏被迫离团。1932 年 11 月进入联华影业公司工作，参加"苏联之友社"音乐小组，并组织"中国新兴音乐研究会"，参加左翼戏剧家联盟音乐组（苏联之友社）。这时期他还自修了和声学、作曲法等作曲理论。1933 年开始为左翼电影、戏剧作曲。1933 年，聂耳由田汉介绍加入中国共产党。1934 年 4 月聂耳加入百代唱片公司（中国唱片厂前身）主持音乐部工作，同时建立百代国乐队（又名"森森国乐队"）。这也是聂耳最多产的一年。1935 年初，聂耳创作了著名的《义勇军进行曲》。1935 年 1 月聂耳任联华二厂音乐部主任。1935 年 7 月 1 日，年仅 23 岁的聂耳在日本藤泽市游泳时不幸溺水身亡。

短短二十三年的生命，他创作了 37 首乐曲。更令人惊叹的是这些乐曲都是在不到两年的时间里写成的，其中反映工人阶级生活和斗争的歌曲占了大多数。两年创作生涯成就了他不平凡的一生，他是天才型的音乐家，同时也是伟大的革命者。尽管英年早逝的聂耳没有机会投身到抗日战争的洪流，保家卫国，然而他的音乐却伴随着中国的战士书写着民族的光荣史，"文以载道，诗以言志，乐乃心声"，聂耳本人乃至他那些激越高昂的不朽作品，都是那个特定的民族危亡时代所造就的。那些铿锵有力的音符，也都是当时环境下人民的心声，时局的动荡不安，战争的腥风血雨在聂耳心中激起澎湃的声音，从此音乐与革命紧紧相连，音乐家的灵魂与民族的命运融为一体。

《义勇军进行曲》在银幕上首次响起时，不幸正逢聂耳去世，但这支歌作为民族革命的号角响彻了中华大地，还享誉全球。在反法西斯战争中，英、美、印等许多国家电台经常播放此歌。战争结束前夕，美国国务院还批准将其列入《盟军胜利凯旋之歌》中。新中国成立前夕征集国歌时，周恩来就提出用这首歌，并在新政协会上一致通过。在1949年的开国大典和此后每年的国庆节，聂耳谱出的乐章都雄壮地奏响，这足以告慰亡逝于异国的这位跨时代的国歌之父。

知识小百科

聂耳与《卖报歌》

"啦啦啦！啦啦啦！我是卖报的小行家，不等天明去卖报，一面走，一面叫，今天的新闻真正好，七个铜板就买两份报……"一首《卖报歌》，在神州大地传唱了半个世纪，成为妇孺皆知、耳熟能详的群众歌曲。这首歌的作者是我国著名的音乐家聂耳。卖报的女报童"小毛头"，就是后来著名的电影演员杨碧君。

1933年秋，聂耳在上海霞飞路常常遇到一个名叫"小毛头"的卖报小姑娘。小姑娘一面走，一面喊，把报名喊得十分顺口悦耳，在聂耳听来，就好像是一首动人的歌。渐渐地，他们就熟悉了，聂耳了解到"小毛头"家境贫寒，全家须靠她卖报挣钱才得以维持生计。她卖报时总是争不过其他男报童，聂耳经常帮她一起向路人叫喊。有一天，聂耳见到"小毛头"，就对她说："干脆我帮你写一首卖报歌吧。这样，别人叫着卖，你可以唱着卖，一定会比别人卖得更多的。"

聂耳找到后来成为田汉夫人的安娥，把要创作卖报歌的想法告诉她，并请她写好歌词，自己很快就谱好曲。然后，他就唱给"小毛头"听。小姑娘听了，连声拍手叫好，并提出了一点建议：如果能把"几个铜板能买几份报"的话也唱出来，那我就可以边

英雄辈出　人物风流

卖边唱了。后来，聂耳和安娥接受了建议，按"小毛头"的话加上了"七个铜板就买两份报"的歌词。于是《卖报歌》便在上海开始传唱，竟然风靡一时，逐渐传遍全国。

我爱云南

第六章

彩云之南　天堂之美

　　无论是鬼斧神工、不事雕琢的自然奇景，还是充满人文历史风情的民俗景观，还有那神秘而悠长的古老文化，云南的美真实而梦幻，它以自己的方式镌刻着彩云之南永恒的美丽色彩，游走于其间，时间在这里缓慢流淌，留下刻骨铭心的记忆。

∧丽江古城全景

第一节　昆明——最美人间四月天

　　春天总会让人想起生机，想起草长莺飞，想起绿色的大地和碧空碧水连接，一眼望去再也望不到边际，而四季如春的昆明没有乍暖还寒的清冷，没有酷暑来临前的燥热，有的只是温暖，沐浴在阳光里，看绿草和鲜花相映成趣，让人想起林徽因那句"你是人间四月天"，好一片繁花似锦的春光。

昆明世博园＞

彩云之南　天堂之美

大自然的偏爱造就了昆明独特的气候，处在北纬30度以南的地区，终年接受太阳光热较多，而且均匀，同时又受到来自印度洋的西南风和东南风的暖湿气流的影响，云雨天较多，加上云贵高原海拔较高，气温会随高度降低，因而即使在炎热难耐的夏季，昆明依旧保持着春天般的温暖，可以说是个避暑避寒的好去处。

　　除了舒适的气温，昆明的四季如春还在于它有着各种各样的花卉品种，有许多多闻所未闻见所未见的花卉品种，它们还有着美丽的名字，如"紫苑"、"金太阳"、"胭脂"、"初恋"、"红磨坊"、"盘江白鹭"。还有形态迥异、争奇斗艳的茶花、兰花、杜鹃、玉兰、百合、龙胆、报春、绿绒蒿，八大名花在这座温暖的城市里尽显高贵、挥洒着自己的芬芳。最有意思的是昆明的"炮仗花"，这种花卉很特别，在北方是见不到的，她的花蕊如一排排红色的鞭炮挂满树梢，看上去宛如点燃欲炸的"大地红"，一眼望去，喜悦便油然而生。茶花是云南省省花，在昆明市生长着一株据说树龄有800余年的茶花树，当地人敬若神明，称之为"花仙"。这棵树树冠阔大，碧绿成荫，树冠直径大约为50米。每当这棵茶花树盛开时，满树的流光溢彩，空气中弥漫着嗅不完的花香，引来蜂飞蝶舞，穿梭于其间嬉戏玩耍。茶花开满了整个昆明市区，其花朵大小不一，小的如盅，大的如盘，茶花花期长，色浓艳丽，每当花开时节，碧绿的叶子，映衬着红色的花头，浓烈似火，开的淋漓尽致，难怪陆游会写诗赞美它"惟有山茶偏耐久，绿丛又放数枝红"。

　　走在春城，观赏着千姿百态的花朵，感受着巍峨绮丽的山和缠绵灵秀的湖水，到滇池与红嘴鸥共舞，去石林寻找阿诗玛的爱情奇迹，再到民族村去感受一下热情似火的民族节日，或者去大观楼寻找悠远的历史，这个城市有着无穷的魅力，让人悠然神往、流连忘返。

我爱云南

一、滇池的红嘴鸥——一道风景线

滇池素有着"高原明珠"的美称，五百里滇池的岸边有着许多名胜景点：海埂湖滨公园、西园别墅、龙门村、观音山、白鱼口等。海埂公园在滇池的东北部，离昆明市区约 7 公里。海埂是伸入滇池的湖中长堤，这里河港纵横，堤岸垂柳轻扬。海埂南面的海滩是一片细软白沙。湖水由浅入深，是天然的湖滨游泳场。夏日到这里游泳，击水逐浪，卧波纳凉，最为惬意。位于滇池西南部的白鱼口，是昆明著名的

∧ 滇池的红嘴鸥

彩云之南　天堂之美

风景疗养胜地。这里的空谷园，有磊楼别墅、引胜桥、红云坞、待月亭、温水泉等园林设施，在此凭栏眺望滇池，波光粼粼，白帆樯影，群鸥逐浪。每当春日樱花烂漫时节，绯红一片，如云似霞，景色更加绮丽迷人。

最美丽的景观，也是堪称昆明的一道风景线的便是每年冬季的奇观，翠湖和滇池海埂公园总会聚集成千上万只红嘴鸥。每到深秋时节，候鸟耐不住北方萧瑟的秋风和结霜的冷露，成群结队的飞去南方过冬，于是，成千上万的红嘴鸥飞到了昆明，像是一个个洁白无瑕的天使，舞动着它们白色的翅膀，在空中划出最优美动人的弧线，突然它们降临在了四季如春的昆明，热情好客的昆明人用他们的歌声留住了远道而来的客人，这些北方的迁客也以它们美丽欢快的身影为昆明城增添了一道亮丽的风景线。

游人们倚着湖边的栏杆，或悠然自在的欣赏着红嘴鸥的美，或者开心的给它们喂食，其中不乏一对对热恋中的情侣在湖边依偎，给红嘴鸥投食着面包屑，在他们眼中，漫天飞舞的红嘴鸥，是纯洁爱情的象征，书写着属于它们的诗意的栖居。

二、石林——寻找阿诗玛的奇迹

天造奇观的云南石林，位于云南省昆明市石林彝族自治县境内，"冬无严寒、夏无酷暑、四季如春"，是世界唯一位于亚热带高原地区的喀斯特地貌风景区，素有"天下第一奇观"的美称，景区由大、小石林、乃古石林、大叠水、长湖、月湖、芝云洞、奇风洞7个风景片区组成，参差的峰峦，千姿百态，巧夺天工，是一个以岩溶地貌为主体的，在国内外知名度较高的风景名胜区。

我爱云南

石林的主要游览区李子营石林主要由石林湖、大石林、小石林和李子园几个部分组成，游路 5000 多米，是石林景区内单体最大，也是最集中、最美的一处。进入景区内，但见石柱、石壁、石峰千姿百态，争奇竞丽。有的石柱高达 40—50 米，乍一看，正如一首佚名的打油诗所云："远看大石头，近看石头大。石头果然大，果然大石头。"但是这里的石头与众不同，它是一幅绝美的画卷，游人旅客在这里驻足，惊叹着他们所见到的奇观，同时它又是一首优美动人的诗歌，千百年来文人墨客聚集在此咏叹吟哦，石林的石头是有灵性、有生命的，有双马渡食、孔雀梳翅、凤凰灵仪、象距石台、犀牛望月；有唐僧石、悟空石、八戒石、沙僧石、观音石、将军石、士兵俑、诗人行吟、母子偕游、阿诗玛等无数象生石，无不栩栩如生，惟妙惟肖，令人叹为观止。还有些酷似植物，如雨后春笋、蘑菇、玉管花等。有一处"钟石"，能敲出许多种不同的音调，在这里你可以自由的驰骋你的想象，去观察，去发现。

石林＞

彩云之南　天堂之美

这些还不足以构成石林的美，吸引游客不远千里前来的还有一个美丽的传说，那就是彝族的阿诗玛的传说，这是一个关于爱情、关于勇敢、关于忠贞的传说。不畏强权的阿诗玛用生命捍卫爱情，死后她化成石神，永远留在这片石林。在玉鸟池边，但见一座精神抖擞、形态逼真的石峰，宛若一位风姿绰约、亭亭玉立的彝家少女，那便是阿诗玛。她静静地伫立在峰峦之上，充满着少女的青春活力，身姿曼妙，风韵天成，她的身后背着一个小竹篓，双目含情，翘首以待，似乎在等着她的爱人，"峰峦似剑天如镜，照出阿诗玛靓妆"，千百年来石林里飘荡着阿诗玛的回声，"日灭我不灭，云散我不散"，她的形象已成为人们追求幸福和爱情的美好象征。于是人们不远万里来到石林寻找阿诗玛的奇迹，祈愿自己的爱情能够忠贞永恒。

<阿诗玛化身石

我爱云南

三、云南民族村——令人沉醉的民族风情

　　云南昆明民族村位于滇池北岸的海埂，是一条由东向西伸入滇池的狭长的半岛沙滩，俗称"海埂"。它汇集了集云南主要的彝、白、傣、苗、景颇、佤、哈尼、纳西、傈僳、独龙等25个少数民族的村寨。设有民族歌舞厅、民族广场以及激光喷泉、水幕电影等旅游设施，采用复原陈列的手法展示云南的民族风情。走进村里只见不同风格的民族村寨分布其间，错落有致，各展风姿，各少数民族丰富多彩的村舍建筑、生产、生活、宗教习俗均如实地展示出来，是云南民族文化的缩影。

　　云南民族村主大门是一组造型富丽典雅，气势恢宏的钢架式建筑，

云南民族村>

门首悬挂着"云南民族村"五个雄浑遒劲的烫金大字，正中是一只振翅腾飞的金孔雀图形徽标，象征着云南民族村吉祥幸福、兴旺发达的美好前景。大门前是宽阔而平整 的人流集散广场，下面的草坪中是一组形态逼真、活泼可爱的白象群雕塑，名为"白象迎宾"。云南民族村景区内水陆交错，清新优雅。各村寨、景点错落有致、风格迥异，其间有绿荫小径，亭阁回廊、拱桥石阶相衔相接，并与滇池湖滨大道首尾贯通，游览线路，路转水回，柳暗花明，引人入胜。周围自然的景观和得天独厚的气候条件，使得民族村内花枝不断、四季常青，每一刻，每一季，都有各自动人的美景。

游客在村寨里，除可了解云南各民族的建筑风格、民族服饰、民族风俗外，还可以观赏激光喷泉、水幕电影、民族歌舞、大象表演；品尝民族风味小吃，购买民族工艺品。身着民族服饰的导游小姐为游客提供导游服务。讲解各少数民族的习俗。结合各少数民族节日，在村里还举行白族的"三月街"、傣族的"泼水节"、彝族的"火把节"、傈僳族的"刀杆节"、景颇族的"目脑纵歌"、纳西族的"三朵节"等独具民族特色的民族节日活动，让人们尽兴观赏，沉浸在各民族的海洋里，是云南旅游的重要旅游景区。

白族民居向来为海内外建筑界所重视，"三坊一照壁"、"四合五天井"的布局严整实用，粉墙黛瓦的院落无论是木雕、施彩、石刻、泥工丝毫不逊江南园林与北国大宅。街市中烤乳猪香味飘过扎染布的店肆，步行在石板路上，目之所及，都感到一种文化的震撼。彝族村中与天相通的神秘太阳历柱广场，与地相接的红色掌房，显示着这个民族古老豁达的文明；基诺族竹木草顶大公房，告诉你社会形态变迁的消息；拉祜族葫芦创世神话使你看到什么是"乾坤奥妙大葫芦"；而纳西族神奇多彩的东巴文化，则让你听到从远古走到面前的清晰的脚步声，走进遥远的东巴文明，去探寻一个部族的神秘过往。

四、昆明西山

位于昆明西郊的昆明西山山峦起伏，形似卧佛，故也称卧佛山。隔水相望宛如一丰盈的女子躺卧滇池岸边，有"睡美人"山之美称，从昆明城东南一眺望，西山宛如一位美女卧在滇池两岸。她的头、胸、腹、腿部历历在目，青丝飘洒在滇池的波光浪影之中，显得丰姿绰约，妩媚动人，西山森林茂密，花草繁盛，清幽秀美，景致极佳，在古代就有"滇中第一佳境"之誉。

昆明西山是一个峰峦起伏、林木苍翠、涧流清泉、鸟语花香的大型森林公园，同时又是有众多名胜古迹的风景名胜区。主要景点包括：华亭寺、太华寺、三清阁、龙门、聂耳墓等以及山麓的普贤寺、杨升

西山龙门悬崖

庵祠等名胜。西山为文物古迹、名胜风光兼备的风景名胜区。

华亭寺经历年修建，已有 900 余年历史，是昆明地区现存的最大一座寺庙。由钟楼、天王宝殿、大雄宝殿及若干花团组成。这里的佛像和五百罗汉塑像都塑得很有特点，历代楹联也耐人寻味。此外，园内还有名贵的茶花和罗汉松等奇珍植物。寺内有大雄宝殿、天王殿、观音楼、撞钟楼、雨花台、放生池等古建筑。大雄宝殿有高一丈六尺的三尊金佛像，塑工精细，仪态慈祥。另有五百罗汉栩栩如生。天王殿两侧塑有四大天王和金身弥勒佛像，生动传神。天王殿大门口，挂有一幅明代谪居云南的四川新都状元杨慎写的名联，内容有山有水，有景有人，诗画交融，意蕴无穷。其联云：一水抱城西，烟霭有无，拄杖僧归苍茫外；群峰朝阁下，雨晴浓淡，倚栏人在画图中。

太华寺位于西山的最高峰——太华山的山腰，故名。太华寺始建于元代，由天王殿、大雄宝殿、缥缈楼、一碧万顷阁、水榭长廊及南北厢房组成。太华寺素以花木繁茂著称，寺内名花荟萃，争奇斗艳，尤以山茶、玉兰最有名。寺院周围修竹茂密，古木成林，晨观日出，气象万千，入夜登楼，俯视昆明万家灯火，滇池波光粼粼，别有一番情趣。山门外有一株四五人才能合抱的老银杏，古干虬枝，健壮繁茂，民间传说是明惠帝朱允炆流亡云南时所植，距今已六百年的历史。

三清阁位于聂耳墓以南一公里。在陡峭的山崖上，绿树丛中点缀着琼楼玉宇般的一组亭阁，包括灵官殿、老君殿等共九层十一座木构建筑。登临观览，只觉地势高险，视野广阔，景致极为优美。正如"飞云阁"中有一联云："半壁起危楼，岭如弓，海如镜，舟如叶，城廓村落如画，况四时风月，朝暮晴阴，试问古今游人，谁领略万千气象；九秋临绝顶，洞有云，崖有泉，松有涛，花鸟林壑有情，忆八载星霜，关河奔走，难得栖迟故里，来啸傲金碧湖山。"三清阁内供奉着天宝君、太上道君、太上老君三个道教信奉的偶像。其它殿也各有所供奉。从罗汉崖山门向上有七十二级石阶，象征七十二地煞星。由灵宫殿西折而上，又有陡峭的三十六级石阶，象征三十六天罡星。在真武宫后有泉一方，泉内有一尊小牛像，俗称"牛井"或"孝牛泉"。泉水清凉，终年不涸。

位于西山风景区终端，北起三清阁，南至达天阁，是云南最大、最精美的道教石窟。"龙门胜景"以"奇、绝、险、幽"为特色，雄居昆明西山众多的名胜之首，在国内外享有很高的知名度，到昆明的游客都要去游览。故有"不要西山等于不到昆明，不到龙门只是白跑一趟西山"之说。沿三清阁、孝牛泉后的石阶而上，就到了"豁然开朗处"，这里叫"凤凰岩"，凤凰岩上凿有一上一下两个石室，下面的石室有石桌，正壁嵌有"题滇池饯别图"等诗碑六方，刻有彩凤印图，祥云缭绕，彩凤飞舞，工艺精湛细密，形象优美生动。石室内外另有"云海"、"石林"、"揽海处"、"一径飞红雨，千林散绿荫"等摩崖石刻及联语。

第二节　丽江古城——时光在这里放慢脚步

当清晨的第一缕阳光洒向大地，丽江古城便在这温暖宁静的朝阳中悠悠苏醒，古城里的人们便开始了忙碌而平静的生活，如果你只是形色匆匆的旅客，急急忙忙地穿行在丽江的古道中，那么在这里你会是格格不入的，因为每个来到丽江的人都会不由自主地放慢自己的脚步，跟随着古城的节奏，感受着它的呼吸和脉搏。

彩云之南　天堂之美

或许是太多人需要逃离都市的喧嚣，到这里来找寻生活的平静，丽江古城的道路上有着来自各个国家的游客，他们被丽江的古韵所吸引，黑色、黄色、白色的皮肤，混杂着纳西族人各色的民族色彩，交织成古城的一道风景线，这时，不妨静下来不要试图穿行于拥堵的人群，而是感受一下不同文化交融给这座古城带来的生机，遥想一下这个曾经的茶马古道上那些艰难的前行者，历史与现实在眼前交错，或者，可以寻找一条幽静的小道，走在雨花石铺就的道路上，看着一栋栋紧挨着的古老的砖木房屋，一条条石头小路并着一涓涓流水一同穿街走巷，自然地串起了一条条街道，一户户人家，漫步于其间听着水流的细语，看着古老的建筑向纵深处延伸，直到消失不见，随时随地都会有一种历史在眼前发生的错觉，似乎可以清晰地触到遥远的气息轻抚过脸颊，诉说着古老的故事，聆听来自心底的召唤，那是悠久的历史文化和古朴的民俗风情赋予丽江的最纯粹的美。

　　尽管有着悠久的历史和保存完好的古建筑，但不像其他的古城，丽江是没有城墙的，它也是中国唯一没有城墙的历史文化名城。据说

<清晨的丽江古城

我爱云南

当年因统治此城的土司姓木，他若在周围筑立城墙，便使其姓氏成了汉字"困"，有避一字之嫌，故特意不筑围城。然而正是因为没有城墙，才让丽江少了些许厚重，多了些许古朴，丽江不是存在于历史记忆里，而是以它独特的宁静和悠然书写着属于它今天和明天的繁华，在热闹与平静中，在忙碌与悠闲之间感悟生活的真谛。

古城道路两旁的店铺熙熙攘攘，店中的商品更是琳琅满目，各种各样承载纳西文化和纳西风情的小工艺品吸引着远方来的游客，美丽的纳西姑娘们身上的披肩早已成为丽江的一道风景线，多彩的民族服饰、美丽大方的披肩渲染着纳西女孩的质朴、天真，而那些远道而来的都市女孩们身上的时装和手工编织的披肩一起，完美的混搭，别有一番韵味。在微雨中披着披肩悠闲地漫步于古城，清清的溪流穿城过巷，一座座小桥如彩虹横跨小溪，排排垂柳在清风中摇弋，透过细雨看朦朦胧胧的古城，更添雅致，两旁的房子渐渐模糊，小雨拍打在水流上，和着远近传来的歌声煞是动听。

夜晚的丽江＞

彩云之南　天堂之美

夜幕降临，结束了一天的热闹生活，古城又回归了原本属于它的平静，每一个角落都发着光，与白天完全不同，此时仿佛置身于一个完全陌生的地方，刚开始的夜是有些喧嚣的，充满着猎奇的色彩，华灯初上，在每一个角落渐次亮起，远处的歌声在灯光中飘渺朦胧，给古城的夜增添了些神秘，夜晚的丽江，有一个地方是一定要去的，那就是丽江的酒吧，远道而来的客人在这里流连驻足，享受美丽的夜色，觥筹交错间畅谈生活，和都市里的酒吧完全不同，丽江的酒吧轻松到近乎慵懒，无需刻意寻找，酒吧到处都有，可以找上一个热闹的酒吧和朋友纵情释放，也可以一个人找一家安静的酒吧，点一杯酒，静静地坐着，闭上眼睛感受这一刻的惬意，或是听酒吧歌手用音乐低低诉说着自己的心事。夜晚在古城中漫步又会有不一样的情调，斑斓的色彩，暧昧的灯火，一切都是那么的真实，却又像置身于美梦之中，想要永远沉醉下去，不再醒来。

　　丽江有着太多令人沉醉的地方，神秘的纳西传说，古老的建筑，悠久的历史传奇，都让人忍不住一探究竟，来到丽江，或走在位于古城中心的四方街，感受古城的繁华热闹，或是登上万古楼，将整个丽江尽收眼底，或是跟随最恢弘的木府建筑群，走进纳西族曾经的辉煌历史。

一、四方街

　　丽江古城以四方街为中心，四通八达，周围小巷通幽，从四方街四角延伸出四大主街，直通东南西北四郊，又从主街岔出众多街巷，如蜘蛛网般交错往来十分的畅便。街道全用五彩石铺就而成，晴不扬尘，

我爱云南

雨不积水。由此形成以四方街为中心，四周店铺客栈环绕，沿街逐层外延的稠密而又开放的格局，古老的集市就这样孕育了城市最初的形状，这与中国传统的四四方方的井字形街道是不一样的。

四方街就是丽江古城中心的广场，如果把丽江比作北京，这里无疑就是天安门广场。它是丽江古城的心脏，交通四通八达，周围小巷通幽，据说是明代木氏土司按其印玺形状而建。这里是茶马古道上最重要的枢纽站。明清以来各方商贾云集，各民族文化在这里交汇生息，是丽江经济文化交流的中心。这里是历代集市中心，每日万头攒动，热闹非常。

四方街以彩石铺地，清水洗街，日中为市，薄暮涤场的独特街景而闻名遐迩。其四周6条五彩花石街依山随势，辐射开去，街巷相连。四通八达，交通极为便利。置身其中，令人仿佛步入了"清明上河图"的繁华景象。古城中至今依然大片保持明清建筑特色，"三坊一照壁，

四方街>

四合五天井，走马转角楼"式的瓦屋楼房鳞次栉比，既突出结构布局，又追求雕绘装饰，外拙内秀，玲珑清巧，被中外建筑专家誉为"民居博物馆"。更值得一提的是，古城居民素来喜爱种植花木培植盆景，使古城享有"丽郡从来喜植树，山城无处不飞花"的美誉。

四方街最迷人的是晚上，沿河都是些大大小小的酒吧，茶楼。其中不乏外国人经营者。这些酒吧、茶楼门前，大红灯笼形状各异，高高的悬挂在每户人家门前。晚间的四方街就这样笼罩在温暖祥和的气氛中，红灯笼的倒影随河水飘荡，约约绰绰。

由于丽江地处滇川康藏交通要道的结合点，因而它得名四方街，纳西语称这里为"工本"，那意思即是"仓库聚集的地方"。四方街是大研镇的中心，象征着"权镇四方"，是游人不应错过的所在，如今的这里是丽江有名的贸易市场，身着五颜六色民族服装的各族人民在此交易商品，它是大研镇最热闹喧哗的地方。

∧ 四方街的酒吧

二、木府

丽江古城是中国历史文化名城，而木府可称为丽江古城文化之"大观园"。纳西族最高统领木氏自元代世袭丽江土司以来，历经元、明、清三代22世470年，在西南诸土司中以"知诗书好礼守义"而著称于世。明末时达到鼎盛，其府建筑气象万千，古代著名旅行家徐霞客曾叹木府曰："宫室之丽，拟于王室。"

木府是丽江历史的见证，同时也是古城文化的象征，它位于丽江

∧ 纳西族木府

古城西南隅，占地 46 亩，中轴线全长 369 米，整个建筑群坐西朝东，"迎旭日而得木气"，左有青龙（玉龙雪山），右有白虎（虎山），背靠玄武（狮子山），东南方向有龟山、蛇山对峙而把守关隘，木府怀抱于古城，既有枕狮子山而升阳刚之气，又有环玉水而具太极之脉。

"不到木府，等于不到丽江"。木府留于世的明清木府古建筑，建筑之宏伟、宫殿之辉煌、雕刻之精致、构件之玲珑、绘画之璀璨，真可谓美轮美奂，无与伦比。木氏土司家族历经元、明、清三个朝代，鼎盛时期木府占地一百多亩，有近百座建筑，是八百年大研古城的心脏所在。尽管它只是一座土司的宅院，但它的奢华与恢宏，并不亚于任何一座王公贵胄的官邸。如今的木府既是招徕四方游客的景点，让他们在游览古城风貌时，跟随着木府恢宏的建筑信步走入一个民族曾经辉煌的历史，它也是纳西人骄傲自豪的象征。这座辉煌的建筑充分体现了明代建筑古朴粗犷的流风余韵，在明代中原建筑风格的基础上，融入了纳西、白族各地方工艺风格，同时又是纳西古王国名木古树、奇花异草汇聚一所的园林，它介于皇家园林与苏州园林之间，将天地山川清雅之气与王宫的典雅富丽融为一体，充分展现了纳西人广采博纳多元文化的开放精神。

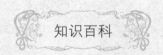

知识百科

《木府风云》——土司家族木氏的兴衰史

在央视播出之后获得广泛关注和好评的长篇历史剧《木府风云》就是在丽江木府内拍摄的，讲述了明代云南纳西木氏土司在当地统治时期，木氏家族内部腥风血雨的争权夺势和权力更迭的的恩怨情仇。明朝时，木府发生政变，年轻的木增继承土司之

我爱云南

位，和爱妻阿勒邱在家乡带领族人过上幸福的生活，歌颂了木府开放亲和、诚厚谨慎和勇敢善战的民族精神。该剧围绕历史上木氏家族的风云变幻为题材，以木府为背景，充分展现丽江的优美风光、历史及丰富多彩民族文化。

三、万古楼

　　丽江万古楼是位于丽江古城狮子山上制高点，也是木府的后山，丽江万古楼属于木府的一个部分，为丽江木氏土司庄园。在万古楼上可以俯瞰丽江古城及其田园风光，遥望玉龙雪山万年冰川，寓意着丽江恢复重建家园，千古流芳，万古不朽。东俯丽江古城和木府的建筑区，风景壮观。

　　万古楼地处松林高坡，一个大平台可以眺望整个丽江古城。晴朗的天空下，左边远方是清晰可见的玉龙雪山，右边则是错综排列的青灰瓦顶民居一直延伸到远方。绕过平台，顺石阶而下可以直接到木府，

万古楼 >

彩云之南　天堂之美

顺石阶而上则能去万古楼，或者可从四方街沿翻越狮子山的石阶步行攀登至万古楼，这样可以一边攀登，一边观景。登上万古楼，便可北眺神奇美丽的玉龙雪山，东观小桥流水人家的丽江古城，西瞰多姿多彩的丽江新城，南望如诗如画的田园村落。南面远处还有像支巨笔的"文笔峰"，旁边又有可放"文笔"的笔架山，山脚恰好有个蘸墨的"文笔海"，与形似砚台的大研古城，一同书写丽江的大好风光。

万古楼为塔式五重檐全木结构建筑，高33米，象征原丽江纳西族自治县33万各族人民。主体柱子16根，都是通天木柱，是中国全木结构斗拱建筑一柱通顶不连接的第一楼。柱长22米，反映民间"好事成双"的说法，以及婚嫁选择双日为吉的习俗。采用16根通天柱，反映纳西族东巴象形文字中有开天九兄弟、劈地七姐妹的传说，寓意纳西儿女共同创造美好的世界。万古楼平面是正方形，面阔、进深均为18米，四面入口安放神态各异的四对石狮。楼内绘有2300个吉祥图案，代表丽江的23个石雕图案，寓意在一年四季的农时节令中风调雨顺，五谷丰登。整座楼中雕刻彩绘龙的图案有9999个，加上楼顶藻井之中蟠龙，足有万个，寓意丽江是龙的传人的美丽家园。楼顶藻井蟠龙张嘴形态，反映龙能吐水传说，意在有水克火消灾，预示人们在登楼观景或林中散步时候，不要乱扔烟头，注意防火用火。

四、玉龙雪山——等待传说中的一米阳光

玉龙雪山被誉为最美的雪山，山顶上终年不化的积雪可与天齐，以险、奇、美、秀著称。其气势磅礴，造型玲珑秀丽。夏季的玉龙雪山随着节令和气候变化，有时云蒸霞蔚，玉龙雪山时隐时现，有时碧

空万里无云，群峰晶莹耀眼。清代纳西族学者木正源曾形象地归纳出玉龙十二景，即：三春烟笼、六月云带、晓前曙色、暝后夕阳、晴霞五色、夜月双辉、绿雪奇峰、银灯炫焰、玉湖倒影、龙早生云、金水璧流、白泉玉液。

除了它绝美的自然风光，它还是纳西人的神山和聚居地，是纳西族和云南各民族心中的圣地，在这里流传着许许多多美丽动人的传说，依稀可见遥远古朴的纳西风俗。

知识小百科

一米阳光的传说

玉龙雪山被视为爱情之山，除了纳西族遥远的殉情风俗，这里还流传着一个关于爱与幸福的传说，美丽的纳西女子开美久命金和朱补羽勒盘深深相爱，却遭到男方父母的极力反对，伤心绝望的开美久命金殉情而死，朱补羽勒盘冲破重重阻挠赶来，已是阴阳两隔。悲痛之中他燃起熊熊烈火，抱着情人的身体投入火海，双双化为灰烬，开美久命金死后化为"风"神，她在玉龙雪山顶上营造了一个情人的天堂：没有苦难、没有苍老、无比美好的玉龙第三国，专门诱惑失意的情人步她的后尘。开美久命金和朱补羽勒盘是纳西传说里最早殉情的一对恋人。

后来，民间逐渐相传，在丽江玉龙雪山顶上，每到秋分的时候，上天就会撒下万丈阳光，在这一天，所有被阳光照耀过的人们都会获得美丽的爱情和美满的生活！可这招来了善妒的"风"神的嫉妒，因此，每到这天，天空总是乌云密布，人们的所有梦想都被那厚厚的云层所遮盖。风神善良的女儿，因为同情渴望美好生活的人们，就在那天，偷偷地把遮在云层里给人们带来希望和幸福的阳光剪下一米，撒在陡峭的悬崖峭壁上的一个山洞中，让那些爱情的勇者，让那些对爱情执着同时又不惧怕困难和危险的人们，可以在那天得到那一米阳光的照耀，而因此过上幸福美满的生活。

彩云之南　天堂之美

甘海子是玉龙雪山东面的一个开阔草甸,甘海子全长4公里左右,宽1.5公里,海拔约2900米,来到甘海子给人一种开阔空旷的感觉,在高耸入云的玉龙雪山东坡面前,有这样一个大草甸,为游人提供了一个观赏玉龙雪山的好场地,在这里横看玉龙雪山、扇子陡等山峰历历在目。从甘海子草甸到4500米的雪线,可以看到各种各样的花草树木,兰花、野生牡丹、雪莲,品种繁多;高大乔木有云南松、雪松、冷杉、刺栗、麻栗等等。甘海子大草甸是一个天然大牧场,每年春暖花开,百草萌发,住在甘海子附近山间的藏、彝、纳西族牧民们都要带上毡篷,骑着高头大马,驱赶着牦牛、羊群、黄牛,到草甸放牧。

甘海子是仰视玉龙雪山全貌最近的、也是最佳的地方。在这里你可以看到玉龙雪山的十三个高峰由北向南依次排开,景象巍峨壮观,银光闪烁,尤其是主峰扇子陡,像一把打开的扇子,切入云天,气势磅礴。你还能遥看雪线以上蜿蜒下行的呈雪绿色的冰川,借助望远镜领略这一"绿色奇峰"的现代冰川奇观。

＜甘海子风光

我爱云南

每年春夏之交，这里百花齐放，组成巨大的花苑，整个草甸充满生机活力，甘海子建有可以直上玉龙雪山冰川附近的大型索道，你可以乘缆车到雪原去观赏万年积雪、冰塔林奇观和滑雪。甘海子星罗棋布着众多的旅游设施，为过往游人提供方便，在这里你还可以参加滑雪、滑沙、滑草、滑翔、赛车、赛马、牵引降落等运动。

　　云杉坪又名"殉情第三国"，是纳西族人心中的圣洁之地。传说，从这里可通往"玉龙第三国"。据东巴经记载，"玉龙第三国"里"有穿不完的绫罗绸缎，吃不完的鲜果珍品，喝不完的美酒甜奶，用不完的金沙银团，火红斑虎当乘骑，银角花鹿来耕耘，宽耳狐狸做猎犬，花尾锦鸡来报晓"。

　　云杉坪是玉龙雪山东面的一块林间草地，雪山如玉屏，高耸入云；云杉坪环绕如黛城，郁郁葱葱。在云杉坪周围的密林中，树木参天，枯枝倒挂，枝上的树胡子，林间随处横呈的腐木，枯枝败叶，长满青苔，好像千百年都没人来打扰过，就像一个天然的乐园。

云杉坪风光 >

在东巴经里曾经记载了感人的玉龙第三国的传说。传说"久命"是第一个为爱情而死去的人，她与"羽排"相亲相爱，受阻后愤然殉情，被居住在"玉龙第三国"的爱神"游主"接纳，后来"羽排"也殉情而来，他们从此便在开满鲜花的爱情国度里生活。玉龙雪山，就是纳西人无限崇敬的十二欢乐山，是多少痴情男女选择在此殉情的山，在这里遍地开满鲜花，没有痛苦忧愁，在这里"白鹿当坐骑，红虎当犁牛，野鸡来报晓，狐狸做猎犬"，在这里有情人可以自由结合，青春的生命永不消逝，情侣们永无人世的悲伤。

纳西族曾经流传着殉情的风俗，相爱的人如果不能得到世人的祝福他们便携手到玉龙雪山殉情，用生命许下生生世世爱的誓言，对于纳西族的儿女们而言殉情不是痛苦和悲伤，而是快乐和洒脱的，死亡并不意味着生命的结束，而是迎接新生的到来，这是纳西人独有的文化。

蓝月谷又名白水河，在晴天时，水的颜色是蓝色的，而且山谷呈月牙形，远看就像一轮蓝色的月亮镶嵌在玉龙雪山脚下，所以名叫蓝月谷。而白水河这个名字是因为湖底的泥巴是白色的，下雨时水会变成白色，所以又叫白水河。

玉龙雪山冰雪融化成河水从雪山东麓的一条山谷而过，因月亮在蓝天的映衬下倒影在蓝色的湖水中，又因英国作家詹姆斯希尔顿笔下的《消失的地平线》中的蓝月亮山谷近似于此。故名"蓝月谷"。

蓝月谷中的河水在流淌过程中因受山体阻挡，形成了四个较大的水面，人称"玉液"湖、"镜潭"湖、"蓝月"湖和"听涛"湖。湖岸四周植被繁茂，远处雪峰背衬。湖水是透明的蓝，近乎凝固的湛蓝中，些许的绿意点缀其间。于湖心四顾，白云连横，浮于山际，倒影在湖面，如梦幻影，疑是仙境。

似乎是神灵特意为玉龙雪山下的水调配出的颜色，蓝月谷的水蓝

蓝月谷风光 >

得晶莹剔透，蓝得动人心魄，漫步于水边，掬一捧湖水轻漫过脸庞，玉龙雪水的清凉透过心灵，静静地蔓延。河水冲涮的卵石，清澈明晰，白石为底，水流其上，水的颜色更加明净。水底铺满了苔藓斑驳的鹅卵石，与水缠绵交织，像是一对恋人诉说着他们优美绵长的爱情故事，清澈的河中，墨蓝色是柔软的水藻，碧绿色是袅娜的青荇，在森林的蓝湖里轻歌曼舞，抒写着一曲婉约的歌。

第三节 大理—光影交错间的风花雪月

没有去过大理的人对大理是既熟悉又陌生的，熟悉是因为金庸笔下的最经典的三部曲《天龙八部》、《射雕英雄传》和《神雕侠侣》，金庸老先生似乎对大理情有独钟，尤其是在《天龙八部》中，随着大理小王子段誉的出场，一个真实而梦幻的大理便开始在眼前浮现，金庸笔下的大理，自然景色是秀美而又雄奇、甚至带点神秘色彩的。像一泻千丈的滇西飞瀑，神异静谧的无量玉壁，奔腾咆哮的澜沧江水，气势非凡的"善人渡"桥，这些都构成了《天龙八部》故事的有机组成部分，随着主人公段誉的历险过程而逐步动态地展示出来，具有极大的魅力。金庸笔下的大理，人文环境是淳朴、善良，心性平和的。历史上的大理，百姓都笃信佛教，上层又受儒家文化很深的影响，整个社会似乎沉浸在一种仁厚宽和的气氛中。段誉的痴情、厚道、爱管闲事、反对学武，一方面是他的个性使然，另一方面也多少反映了大理国的社会风尚，与大环境有关。像在位的皇帝竟然出家为僧，这类事在中原只可能是极个别的例外（如清代的顺治皇帝），而在大理国却出现了不少。

＜大理古城

我爱云南

在金庸的笔下，相对于大宋王朝与辽互相残杀、生灵涂炭，大理则是一派升平气象，百姓在这里安居乐业，小说和电视剧都以大理作为一条主线展开故事，最后又以大理收尾，金庸对大理的爱可见一斑，然而令人惊奇的是这些美景有的有所依据但有些则是出于他的艺术想象，金庸先生从未到过大理，却将大理风情刻画得如此迷人，他笔下的大理无疑是一片乐土，是人们心中的桃花源，人们之所以会如此着迷，是因为每个人心里都有着这样的向往，于是他们带着一份武侠情，带着一个美丽的梦来到大理。

生长于六七十年代的人对于那部经典的爱情电影《五朵金花》一定有着不一样的感情，随着那首唱遍大江南北的"蝴蝶泉边来相会"，大理秀美的风光也为人们所熟悉。白族青年阿鹏与副社长金花在一年一度的大理三月街相遇时一见钟情，两人在鲜花似锦的蝴蝶泉边，互赠信物，表示爱情，相约明年山茶花盛开的时候，再来这里相会。

第二年，阿鹏如约前往，到处寻找金花，他在洱海边与长春电影制片厂来体验生活的两位画家和音乐家相识结为朋友，向他们倾诉了自己传奇的爱情经历，表示要走遍天涯海角找金花。阿鹏经过了千辛万苦，走遍了苍山洱海，先后找到了积肥模范金花、畜牧场金花、炼钢厂金花和正在举行婚礼的金花，最终才找到了自己心爱的姑娘。他与金花在蝴蝶泉边再次相会，两人解除了误会。另外四个金花和男友也来到这里，翩翩起舞，为他们真挚的爱情唱起了赞歌。

三月的大理春光明媚，百花争奇斗艳，白族人最隆重的传统节日"三月街"在苍山的脚下、洱海的滨畔拉开节日的帷幕，青年男女们穿上五彩缤纷的节日盛装，熙熙攘攘的来参加集市贸易，如果有幸还可以在这里邂逅美丽的爱情，让大理的风花雪月、蝴蝶泉、洱海都成为爱情的见证，大理的美是生动的，是流淌在人们心底的。

一、大理的三月街

"一年一度三月街，四面八方有人来。各族人民齐欢唱，赛马唱歌做买卖。"这是电影《五朵金花》里的插曲，描写的正是各族人民在大理白族一年一度的盛会"三月街"上"赛马唱歌做买卖"的情景。

每年的农历三月十五至二十四日，人们相聚在在大理城西的苍山脚下，举行他们的盛会，这一天滇西各种各样的物资在这里交流，还有许多民族的体育和文化娱乐活动在这里举行，各族人民都拿出自己的看家本领，尤其是骑手云集、骏马驰骋的赛马活动，更是让人叹为观止，当年徐霞客慕名考察、观赏了大理三月街赛马的活动后，在其《滇游日记》中作了这样的记录，"余乃由西门西向一里半，入演武场，俱

< 大理三月街

我爱云南

结棚为市，环错纷纭。其北为马场，千骑交集，数人驰骑于中，更队以觇高下……"

大理的三月街也可以看成是白族的情人节，赛马活动为多情多义、俊俏标志的白族姑娘选择意中人提供了绝好的机会，那些剽悍英俊、骑术精湛的小伙子们最容易受到姑娘们的青睐，正如《五朵金花》里的另一首插曲唱的："小伙子赛马显身手，姑娘来相好人才。夺得锦旗无数面，英雄人人爱。"能歌善舞的姑娘们也在这天精心打扮穿上最美的衣裳，跳起欢快优美的舞蹈，等待着自己的意中人，单是这样美好的场景就足以令年轻人心驰神往。

二、茶楼三道茶

热情好客的白族人曾经习惯于在喜宴上招待贵客，如今三道茶已经成为大理一项重要的民俗表演了。众所周知，云南与茶有着极深的渊源，这里是茶的发源地，同时也是世界上最动人心魄的贸易之路——茶马古道的发源地，云南对茶有着浓厚的感情，远方的来客不妨到苍山脚下的白族茶楼，观赏着三道茶的表演，喝一盏美丽的白族姑娘亲手泡的茶，也是一大乐趣。

三道茶，是大理白族招待嘉宾的一种独特的饮茶方式，原为古代南诏王招待贵宾的一种饮茶礼，后来流传到民间，经保留和发展延续至今。一苦、二甜、三回味，是三道茶的特点。

第一道茶谓之头道苦茶，此喻人生应当吃苦耐劳方能有所作为。先将优质绿茶放入砂罐用火焙烤，待茶叶烤黄发出香味后，冲入少量沸水，等泡沫消失后，用火煨片刻，当茶水呈琥珀色时，倒入茶壶。

第二道茶为甜茶，象征生活应当先苦后甜才有意义，在砂罐中注入沸水，加上白糖、核桃仁、芝麻面等，煮后饮用。第三道茶即回味茶，要在茶水中放入烘香的乳扇和红糖、蜂蜜、桂花、米花、花椒等物，饮时感觉口颊香甜而又略带辛辣，使人精神爽然。

事实上，三道茶并不是我们传统意义上的茶，它也无法与西湖的龙井相提并论，然而亲身体验着它的泡制和饮用过程，白族人迎接宾客时的那份真挚和热情会让人心情舒畅，精心调制的那份情景会让品茶人有种莫名的感动。

喝茶在白族人生活中是多种多样、随处可见的，婚丧嫁娶都有茶，彩礼有茶，"哭嫁"有茶，抢新娘时也要喝茶，只要有聚会，人们都要喝茶，茶叶的图案不仅绣在腰带上，也绣在服装上。要是你留意，只要在白族地方走一走，随处都可看到茶文化的身影，茶俨然已经成为白族文化的一个缩影。

∧ 大理三道茶

我爱云南

三、蝴蝶泉

　　蝴蝶泉，泉水清澈如镜。每年到蝴蝶会时，成千上万的蝴蝶从四面八方飞来，在泉边漫天飞舞。蝶大如巴掌，小如铜钱。无数蝴蝶还钩足连须，首尾相衔，一串串地从大合欢树上垂挂至水面。五彩斑斓，蔚为奇观。　蝴蝶泉，是有名的游览胜地之一，风光秀丽，泉水清澈，独具天下罕见的奇观（蝴蝶会）。"大理三月好风光，蝴蝶泉边好梳妆"，随着反映白族生活的经典爱情片《五朵金花》的热播，蝴蝶泉这一奇异的景观更是蜚声遐迩，驰名中外。

　　蝴蝶泉面积 50 多平方米，为方形泉潭，周围用大理石砌成护栏。泉水清澈如镜，一串串银色水泡，由泉底冒出，泛起片片水花;清凉甘甜，

∧大理蝴蝶泉公园

沁人心脾。这泉水得苍山化雪之功，不仅水量稳定，水质也十分优良，泉水中富含矿物质，有益于人体健康。你应该掬一捧尝一尝，当地有谚语说："喝点蝶泉水，够你万年醉。"如果以水洗面，可使你亮丽神爽。

蝴蝶泉的由来，当地群众中有许多传说。其中一种说法是，很久以前潭边有一恶蟒，专食人畜。一天，两位白族姑娘为恶蟒所摄，痛哭叫喊。当地猎人杜朝选听到后，杀死恶蟒，救下姑娘。两人为报救命之恩，执意要嫁与杜朝选为妻，杜朝选婉言推谢，认为不能借此邀功，贪享二位姑娘的眷恋。二女投潭而亡，杜朝选懊悔不已，随即也跳入潭中，三人化为三只彩蝶，飞舞于潭边。各方蝴蝶飞来相聚，人们称之为"蝴蝶会"。

在郁郁葱葱的树林中，有一株高大的古树横卧于泉上，因其花形似蝶，美其名曰"蝴蝶树"。它像一把撑开的巨伞，立在蝴蝶泉池上面，为它遮挡风吹日晒，每到夏天，蝴蝶树上开满了黄色的小花，散发着淡淡的清香，恰似一群流连忘返的蝴蝶，吸引着一串串的真蝴蝶来此相会。每到春夏之交，特别是四月十五日这一天，大批的蝴蝶聚于泉边，漫天飞舞的舞蝶煞是美丽，最令人惊叹的是万千彩蝶交尾相衔，倒挂在蝴蝶树上，形成无数的蝶串，垂及水面，场面蔚为壮观，这就是蝴蝶泉所特有的"蝴蝶捞月亮"的奇观。

蝴蝶泉的奇观古代就已存在，明代徐霞客在著名的《徐霞客游记》中已有生动的记载："还有真蝶万千，连须钩足，自树巅倒悬而下及于泉面，缤纷络绎，五色焕然。"著名诗人郭沫若 1961 年秋到大理游蝴蝶泉时，曾写下："蝴蝶泉头蝴蝶树，蝴蝶飞来万千数，首尾联接数公尺，自树下垂疑花序。"诗人形象地赞美蝴蝶是"会飞的花朵"，这蝴蝶树的花朵则是"静止的蝴蝶"。蝴蝶会期间，花与蝴蝶共舞，真假难辨，是蝴蝶泉的一大奇观。

蝴蝶泉边时时刻刻上演着白族人的《梁山伯与祝英台》，一对相爱的情侣为守护爱的誓言化作美丽的蝴蝶，给后世留下了这闻名遐迩的美景。泉边绿树成荫，芳香扑鼻，合欢古树不仅与蝴蝶交相辉映，更为凄婉动人的爱情故事增添了许多美好的想象。在白族人心中，蝴蝶泉是一个象征爱情忠贞的泉。每年蝴蝶会，四方白族青年男女都要到这里，"丢个石头试水深"，用歌声找到自己的意中人。

四、风花雪月

大理一年四季风景如画，在诸多风景名胜之中，以风、花、雪、月四景最为著名和引人入胜。关于风、花、雪、月四景，当地白族人民有一首世世代代传诵的谜语诗，诗曰：虫入凤窝不见鸟（风），七人头上长青草（花），细雨下在横山上（雪），半个朋友不见了（月）。

1962年1月，著名作家曹靖华游过大理之后，对大理的风、花、雪、

下关风终年不停>

彩云之南　天堂之美

月四景感慨万千，赋留风花雪月诗一首：上关花，下关风，下关风吹上关花；苍山雪，洱海月，洱海月照苍山雪。

下关一年四季都有大风，有时风力达八级以上。下关风的成因是其特殊的地势形成的，下关位于苍山和哀牢山之间狭长的山谷之出口，连绵百里的苍山挡住了大气环流，冬春盛行的平直西风气流和夏秋印度洋、孟加拉湾的季风便通过这山谷进入下关，形成了冬春季节苍洱之间强劲的西风和夏秋之交的西南风。

下关风终年不停歇．由于入口处两山狭窄，中间成槽形，吹进去的风会产生上窜下跳的状况，有时还会回旋，就产生了一些奇特的自然现象。比如行人迎风前行，风揭人帽理应落在身后，但在下关却会掉到前面，不了解下关风入口处的特殊地理情况，往往令人百思不得其解。下关风不带灰沙，而令人神清气爽，对调节气候起着重要作用。

关于下关风还有一个美丽的传说，相传云南海东道士的学生王宏，和白狐仙结为夫妻。白狐仙炼得宝珠一颗，王宏常含在嘴里，有些道法。他与村里姓千、姓万两家有仇，告诉老师要杀千家、万家，老师听错了，以为他要杀千家万户，就趁王宏从东海跨到西海之际，用一个砚盘把他打入海底。白狐仙只好向观音老母求救。观音老母给她六瓶风，能把海水吹干，但背着六瓶风不能与人说话。白狐仙来到下关江风寺歇脚，恰巧一妇女肚子痛要生小孩。妇女请他出寺找人，她应了一声，五瓶风已钻进地洞。她把剩下的一瓶风放在苍山顶上，对着洱海直吹。大风一吹，山顶便出现一朵云，她站在云头，希望能看到海底的丈夫，成了一朵"望夫云"。而下关因地洞有五瓶风，便成了"风城"。

在大理"风花雪月"四景中，上关花排行第二，和它清晰地座次排名不同的是，上关花一直是"犹抱琵琶半遮面"，朦胧之中透着神秘莫测的美，宛如一幅印象派的画影影绰绰，只知其美，却不见其貌，

或者它是段誉娓娓道来的"十八学士"、"抓破美人脸"所代表的茶花，
又或者是苍山上让远道而来的英国人激动涕零的成片成片的映山红，
也或许是"家家流水，户户养花"的大理庭院里任何一朵"睁开眼睛"
的花儿。

事实上，"下关风，上关花，下关风吹上关花"中那个摇曳在下关
风中多姿的"上关花"，是特指一种名字叫"上关花"的一代名花。实
至名归的"上关花"，因为"开时香闻远甚"，所以被赞为"十里香"或"十
里香奇树"；也曾因为它的果实乌黑而坚硬，可以用来做朝珠，又被称
为"朝珠花"；又因为有一种神奇的力量，它的花朵平年有十二瓣，遇
到有闰月的年份就会开十三瓣。遗憾的是，盛名之下的"上关花"一
直都生长在"耳听为虚"的"据说"和"传说"当中。有人说上关花
早在元朝就已成为大理的绝景。

徐霞客在《滇游日记》中写道："……问老妪，指奇树在村后田间……
其花黄白色，大如莲，亦有十二瓣，按月则润增一瓣，与省会之说同……
按志，榆城异产有木莲花，而不注何地，然他处亦不闻，岂即此耶？"

161   彩云之南　天堂之美

徐霞客也只是道听途说"上关花"的奇异，虽然他给当地人指认的"上关花"仔细地画了像，但谁也没有亲眼见过闰年花开十三瓣的不可思议，就连"上关花"很可能是木莲花的一个变种的猜测也没有人有令人信服的说法将其否认。

于是这上关花就变得更加神秘，"下关风吹上关花"的绝景也成为大理的美丽传说，吸引着络绎不绝的游人前来找寻。

雄伟壮丽的苍山横亘大理境内，山顶白雪皑皑，银妆素裹，人称"苍山雪"，经夏不消的苍山雪，是素负盛名的大理"风花雪月"四景之一，也是苍山景观中的一绝。寒冬时节，百里点苍，白雪皑皑，阳春三月，雪线以上仍堆银垒玉。最高峰马龙峰的积雪更是终年不化，盛夏时节山腰以上苍翠欲滴，而峰巅仍萦云载雪。

苍山上的积雪为何千年不化，在大理民间流传着一个美丽的传说。相传在古代，有一批瘟神在大理坝子中横行霸道，使人民"十人得病九人亡"。有白族两兄妹为拯救受苦人民，在观音的指引下学法归来，

< 苍山雪

我爱云南

将瘟神都撵到了苍山顶上，让大雪冻死。为了让瘟神永不复生，妹妹还变作雪神，永远镇住苍山上的瘟神，于是苍山雪人峰就有了千年不化的白雪。

大理山河壮丽离不开苍山积雪的景观。古今文人为其留下了诗文佳作：明代杨升庵说它"巅积雪，山腰白云，天巧神工，各显其技"。元代黄华老人的诗碑中写它"桂镜台挂玉龙，半山飞雪 天风"。明朝，送无极和尚回大理的翰林学士张来仪又形容它"阴岩犹太古雪，白石一化三千秋"。苍山雪景的宏博壮丽，堪与阿尔卑斯山媲美。

每到农历八月十五日的中秋节晚上，居住在大理洱海边的白族人家都要将木船划到洱海中，欣赏倒映在海中的金月亮，天光、云彩、月亮和海水相应在一起，形成一幅优美的图画。泛舟洱海，海与月光泛着相近的色彩，洱海与明月再也分不清楚，而时光也在这静谧而温暖的夜光中停止了脚步。

月夜洱海泛舟＞

彩云之南　天堂之美

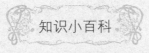

知识小百科

关于洱海月还有两个版本的神话传说

第一个传说是，天宫中有一位公主羡慕人间的美满幸福生活，下凡到洱海边上的一个渔村，与一渔民成婚。公主为了帮渔民们过上丰衣足食的生活，就把自己的宝镜沉入海底，把鱼群照得一清二楚，好让渔民们能打到更多的鱼。后来，公主被自己天上的父亲强行带回家，在临走之前，公主将自己的宝镜永远地沉到海底，保佑着世世代代生活在这里的人。从此，宝镜就在海底变成了金月亮，放着光芒。天上一个月亮白晃晃，水中一个月亮金灿灿，这就是"洱海月"的奇景，至今还是大理的四大绝景之一。

第二个传说是，云南洱海里有三条善良的青龙，与那里居民相处得很好。后来来了条黑妖龙，想霸占洱海，战的三条青龙遍体鳞伤。恰好观音老母从上空路过看见，便取出定海神珠，对准妖龙一掷。神珠立即化作闪闪发光的大金盆，把妖龙罩在海底。观音老母在金盆上系上了金链，拴在了金桩上，派出金牛在金桩旁看守。那大金盆成了海底的"金月亮"。洱海旁有个朱百万，听说海底有金链子、金月亮，就连夜去偷。拉链子声惊动了金牛，金牛放开四蹄，一声咆哮，掀起大浪，把朱百万吞没了。观音老母得知后，就用了一块绣白花的蓝手巾把金月亮盖起来。从此，金月亮虽在海底，却不再放出炫目的霞光。

第四节　香格里拉——离天堂最近的地方

香格里拉，意为心中的日月，是一片人间少有的、完美保留的自然生态和民族传统文化的净土，雪山，峡谷，高山湖泊，原始森林，

我爱云南

香格里拉美景>

民族风情融为一体，神奇险峻而又清幽灵秀，是人们寻找了近半个世纪的伊甸园。之所以不会停下寻找的脚步，是因为每个人心底都一个属于自己的香格里拉，它的轮廓是模糊的，它的景色是朦胧的，人们带着心里的梦去寻找香格里拉，寻找内心的平静和最纯粹的感动。

　　香格里拉还存在于英国人希尔顿的想象里，一部《消失的地平线》让世人跟随著作者的笔触去寻找现实世界与人类精神世界相交的分界线，这里有神圣的雪山，幽深的峡谷，飞舞的瀑布，被森林环绕的宁静的湖泊，徜徉在美丽草原上的成群的牛羊，净如明镜的天空，金碧辉煌的庙宇，这些都有着让人窒息的美丽。纯洁、好客的人们热情欢迎着远道而来的客人。这里是宗教的圣土，人间的天堂。在这里，太阳和月亮就停泊在你心中。这就是传说中的香格里拉。

　　世间一切美好的事物的美或因近在眼前而被拥有它的人所忽略，香格里拉就是如此，它如此虚幻迷离地在人们的现实生活与精神世界之间的地平线上游荡了整整半个多世纪，至今仍散发着诱人的魔力，

彩云之南　天堂之美

始终是世人内心深处向往的一片"世外桃源"。希尔顿笔下的"香格里拉"是一个虚构的故事,人们不可能在现实生活中找到与梦境完全一样的美,因为现实再美也无法超越人的梦想,而正是因为希尔顿给世人勾勒出的无法企及的神秘梦幻的美,才让香格里拉永远散发着无穷无尽的魅力。

《消失的地平线》的影响是巨大的,从那以后无数的探险家、寻梦者苦苦寻觅半个世纪,然而所见情景都不一样,唯云南省迪庆藏族自治州,无论是《失去的地平线》所描述的东方世外桃源式的生活画面,还是其祥和永恒,宁静淡泊,人与人、人与自然和谐相处的精 神主题,都能在此得到显现。直到 1997 年 9 月 4 日,云南省政府向世人郑重宣布,香格里拉在中国云南的迪庆藏族自治州,揭开了这一世人久久不能释然的"世界之谜"、"世纪之谜"的谜底。云南迪庆藏区成为旅游、探谜的热点,蜂拥而至的游客对迪庆的神奇自然景观赞叹不已,同时也就引出 对迪庆文化、迪庆藏文化、迪庆香格里拉文化的深层思考。

就像香格里拉在藏语中的含义"心中的日月"所阐释的那样,无论真实的香格里拉究竟在哪,也无论它是否真的存在,它代表着人类对于美好和幸福的向往,是一个无法企及但却真实存在于人们心里的圣地,正如贾平凹的一句话:"永远去追求地平线,去解这个谜,人生就充满了新鲜、乐趣和奋斗的无穷无尽的精力。"只要心里有梦想并勇敢地去追寻,香格里拉会一直存在,只要内心是平静的是渴望幸福的,香格里拉这个最接近天堂的地方一直都在人的心里。

香格里拉是梦幻的也是真实的,神奇美丽的雪山,古老的建筑,神圣的喇嘛寺庙,还有淳朴热情的藏民,在这里一切都是纯洁的,一切都是神圣的,神奇灵秀的山川,古老的民族文化积淀,孕育出香格里拉各族人民善良、旷达的性格,这里的民房建筑,乡土人情,是一

种对文化的膜拜，是一种坚定而神圣的信仰，你会突然有一种感觉，不是这些神秘壮美的自然风光构成了香格里拉的美，而是人们脸上虔诚的表情，是他们对于美好和幸福的信仰世世代代滋养着香格里拉的魅力。

一、奔子栏

　　藏语的意思是"美丽的沙坝"。位于云南省迪庆州德钦县，白茫茫的雪山脚下，金沙江西岸，与香格里拉县、四川省德荣县隔江相望，奔子栏以上的金沙江怒涛滚滚，汹涌奔流，以下一段江面则豁然开阔，江水平静。奔子栏从古到今都是重要的交通要道，在古时候它是茶马古道的必经之路。

　　　奔子栏渡口为滇藏"茶马古道"上有名的古渡口，也是"茶马古道"

奔子栏景色 >

由滇西北进入西藏或四川的咽喉之地，从这儿往西北行即可进入西藏。逆江北上，即是四川的德荣、巴塘；沿金沙江而下，就是维西、大理；往东南走，则是香格里拉县及丽江。地处这样的位置，奔子栏就自然而然成了交通的重要通道。

如今，在奔子栏已修建了横跨金沙江的公路桥——"伏龙桥"，使两岸人民沟通往来方便不少，同时，也为今天的交通运输提供了极大的便利。 这里的民族节日也很特别。藏历新年并不盛行，而是与汉族一起过春节，与汉族春节不相同的是，除夕之夜，人们围着点燃的篝火，喝着青稞酒，跳起弦子舞、锅庄舞，直至东方既白。总之，各种节庆活动中，汉族、藏族、纳西族等各民族文化，以及佛教、东巴教、自然崇拜、敬神活动等宗教内容的东西与民族习俗综合在一起，形成了茶马古道上文化的一大特色——多元文化的交融。这就是茶马古道的文化，也是小镇奔子栏的独特之处。

二、松赞林寺

松赞林寺在云南迪庆，是云南省规模最大的藏传佛教寺院，在整个藏区都有着举足轻重的地位，由香格里拉县城向北 5 公里，佛屏山前，一组庄严、肃穆的庞大建筑群依山而立，这里就是清朝康熙皇帝和五世达赖所敕建的藏区十三林之一，云南藏区规模最大的藏传佛教寺院，也是藏区格鲁教派最负盛名的大寺——噶丹·松赞林寺。因其外观布局酷似布达拉宫，所以又有"小布达拉宫"之称。

与藏传佛教建筑样式相同，松赞林寺的扎仓、吉康两座住殿高高矗立在中央，八大康参、僧舍等建筑簇拥拱卫，高矮错落，层层递进，

松赞林寺>

立体轮廓分明，充分衬托出了主体建筑的高大雄伟。主建筑扎仓，藏语意为僧院，是僧众学习经典、修研教义的地方。后殿供有宗喀巴、弥勒佛、七世达赖铜佛，高三丈有余，直通上层。中层有拉康八间，分别为诸神殿、护法殿、堪布室、静室、膳室等。前楼客厅供贵宾宴会及观赏"羌姆"（面具）舞时使用。顶层正楼设精舍佛堂，供奉五世达赖、七世达赖佛像，以及贝叶经卷、唐卡、传世法器等。佛堂正南为高耸的钟鼓楼，清晨、正午、黄昏击鼓报时，声闻十里。

寺院建筑可以说荟萃了藏族宗教文化的精华，建筑金碧辉煌，造型丰富多彩的镀金铜瓦殿宇，宝角兽吻飞檐，宽敞恢宏的扎仓大殿，殿中供奉的诸多佛像：昆塔高大神圣，两侧西厢的壁画雕饰精美琳琅，这里显现着佛法的深固，这里诠释着佛经的丰富内涵，这里是响彻着佛普渡众生的布道，这里是佛光充溢的殿堂。

在这里听着暮鼓晨钟，感受着藏传佛教的魅力，走在一层层的台阶上呼吸越来越平稳，似乎可以清晰地听到自己的心跳声，即使你不信佛教，但你会感触到佛就存在在那里，层层的台阶就像通向天国的阶梯，而你正一步步的走向佛，走向美好和幸福。

三、洋塘曲

洋塘曲位于云南省香格里拉县小中甸镇，在藏语中的意思是"鲜花汇聚的河畔"，两岸雪山对峙，草甸绚丽，牛羊成群；河水清澈纯净，藏族村落独特，田园风光优美，整条河边犹如梦幻般的世外桃源。

洋塘河像天上飘落的哈达，从整个景区中缓缓流过，梦幻之旅由古老的藏族村落开始，游客乘当地独有的牦牛船顺流而下，一路欣赏河畔两岸白云蓝天和鲜花草甸等迷人的高原自然风光，聆听山间藏族姑娘爽朗而悠扬的歌声，感受浓郁神秘的藏传佛教中升天台、水上升天台等习俗，体验"天人合一"的田园牧歌式生活。

景区内以白塔、文化石、玛尼石、玛尼堆、经幡、水车转经桶、天葬台、水葬台、藏式木楞房、民族工艺产品为景观载体，以乘坐竹筏牦牛船、藏民族歌舞表演、马术表演等表现形式来体现香格里拉，以藏传佛教

＜洋塘曲

我爱云南

为背景，将浓郁的佛教文化、独特的民族风情和大自然赋予的美景巧妙的结合在一起。

　　在这里不仅可以欣赏两岸雪域高原的美丽风光，河畔的七色草甸，仰望雄鹰在高空盘旋，河畔各种花草植物随着季节变化而变幻着不同的色彩，微风轻抚过面庞，袭来阵阵花香，还可以聆听山间藏族姑娘们不时传来的爽朗悠扬的歌声，感受真正的"天人合一"。

四、哈巴雪山

　　"哈巴"为纳西语，意思是金子之花朵。哈巴雪山位于云南省中甸县东南部，与玉龙山隔虎跳峡相望，在它的山顶上终年冰封雪冻，主峰挺拔孤傲，四座小峰环立周围，远远望去，恰似一顶闪着银光的皇冠宝鼎。随着时令、阴晴的变化交替，雪峰变幻莫测，时而云蒸雾罩，宝鼎时隐时现；时而云雾飘渺，丝丝缕缕荡漾在雪峰间，"白云无心若有意，时与白雪相吐吞"。白雪衬着蓝天，雄奇中透出无限的灵秀。

哈巴雪山美景＞

雪白的哈巴雪山宛如纯洁的圣女，又像高贵的智者，亿万年来静静地矗立着，任凭时间沧海桑田的变换，在它眼中也不过只是弹指一瞬间，那些千奇百态的角峰、刃脊、U 形谷和羊背石，据说就是古冰川在她身上留下的遗迹，清晰得如同刚刚发生。

　　站在哈巴雪山的脚下仰望主峰，它常常是云遮雾绕，似乎不愿意让世人瞻仰，四周的云彩不断地向主峰聚集，臣服于它的威严之下，更突显着它的神秘，有时会在浓雾中忽地亮开一个豁口，被严实的山壁和云雾囚禁已久的风，贴着冰大坂向上狂吹，直吹上苍苍高天，吹得乌黑的云流无序地飞旋，一堵堵撞向雪崖。此时此刻，她就像在预示着什么、暗示着什么，天地在此交接，云飞光摇中，再也分不清彼此。

　　如果在杜鹃花盛开的季节走进哈巴雪山，你会惊叹这里竟荟萃了那么多的杜鹃花种类，从山顶到山脚分布着 200 多个品种，这里的杜鹃花色彩缤纷，树形多姿多彩，花瓣大小各异，原本不适合植物生长的地方，娇嫩的杜鹃花却在这里绽放，山口带冰雪味的朔风，把她们的枝叶吹得稀疏过去，裸露出苍白的身躯，映着白色的冰雪，这顽强的生命奇迹令人忍不住赞叹敬佩。

第七章

继往开来　拥抱美好的明天

　　依托于丰富的自然资源和旅游文化资源，云南在绿色产业和旅游业的发展上取得了很大的进展，在未来的发展中，云南省会进一步加快经济转型，提高创新能力和创新水平，促进绿色经济发展，保护生态环境，促进协调可持续发展，大力发展以旅游业、服务业为依托的第三产业，充分挖掘自身优势，继续扩大"云南现象"的影响力。

八《云南映象》

第一节 加快经济转型，建设绿色经济强省

在提倡环保、低碳型经济的今天，转变经济模式，发展绿色经济，实现经济的可持续发展已经成为各国和各省地区经济发展的趋势，而云南得天独厚的地理条件以及丰富的资源为云南建设绿色经济强省提供了巨大的优势，在"十二五"规划之后，云南加快实施绿色经济强省战略，以转变经济发展方式和生态环保，实现七彩云南天更蓝、山更青、水更净、民更富的美丽转身。

按照绿色经济强省发展战略，云南将加快构建我国大江大河上游地区的生态屏障，推进森林云南、水污染防治、生物多样性保护等十大生态工程，针对本省支柱产业单一的问题，云南省将充分发挥自己的比较优势，着力培育和发展烟草、生物资源开发创新、矿产、电力几大特色产业构成的支柱产业群，有选择地重点发展光电机、现代生物技术和医药、新材料、新能源等高新技术产业，建设中国最大的生物资源开发创新基地、中国最大的安全型烟草科技开发生产基地、中国最大的磷化工基地、中国最大的有色金属工业基地和中国重要的西电东送能源基地。

继续巩固提高烟草产业。云南省烤烟种植将向最适宜地区集中，依靠科技，选育优化烤烟品种，逐步使烤烟种植达到国际先进水平；同时加快与国际知名烟草企业的合作步伐，建设全国最大的安全型烟

草科研和生产基地；加快烟草产业集团化进程，增强整体竞争实力；坚持以烟为主、多元化发展，增强烟草产业综合开发能力。

加快建设生物资源开发创新产业，如花卉产业。自 2008 年云南省把以国兰、山茶和杜鹃为代表的地方特色花卉列为继鲜切花之后云花五大支柱以来，云南地方特色花卉产业化发展进程突飞猛进，主要产品生产初具规模，商品化率逐渐提高。发展至今，云南已成为世界国兰、山茶花、高山杜鹃的重要生产地和全国新型盆花产销中心。2011 年底至 2012 年初，云南 5 万盆高山杜鹃抢先进入国内年宵花高端市场，这些产品花大色艳、叶色光亮常绿、观赏性强，颇受消费者喜爱，产品供不应求。这些特色花卉也成为继鲜切花之后云南的明星产品，并加快走向世界，进入千家万户。

∧云南的花卉产业

云南省将大力实施生物资源开发创新工程，建设"中华生物谷"，开发和引进现代生物技术，建设生物原料基地和中试基地，实施基础设施建设、良种、试验示范、绿色通道、信息和市场开拓等工程，并建立科技、人才、资金、中介组织、政策和法规等支撑体系。改造提高传统优势生物产业，加快发展天然药物、绿色食品、花卉及园林绿化、生物化工等新兴生物产业，建设亚洲最大的花卉基地。

　　全面提高以磷化工和有色金属为重点的矿产业。云南省是我国著名的"有色金属王国"。 云南省将突出资源和技术优势，依托骨干企业，组建大型集团；加强技术创新，提高加工深度和综合利用率，增强矿产业的国际竞争力。有色金属将重点发展锌，积极发展铂，实现稳步发展。

　　加快培育和发展以水电为主的电力产业。云南把发展电力作为支柱产业有三大有利条件，一是资源丰富，水利资源蕴藏量达1.04亿千瓦，水电可开发装机容量9000多万千瓦，可开发装机容量居全国第一

西电东送＞

177　　　　　　　　　　　　　　　　　　　继往开来　拥抱美好的明天

位。二是机遇难得，"西电东送"作为西部大开发的标志性工程，得到国家及有关部门的高度重视，将安排实施一大批项目。三是市场广阔，我国东部省区和云南周边国家都对云南电力有很大需求。

云南省将抓住国家实施"西电东送"战略的机遇，调整思路，做好规划，优先建设调节性能优越的大中型水电站，适度发展大容量、高参数火电厂，调整和优化电源结构；抓紧做好小湾电站前期工作，力争早日开工；加快配套电网建设，扩大电网覆盖面，建设适应"西电东送"需要的输电通道；努力开拓"西电东送"、"云电外送"的国内外市场，力争用 10 - 15 年时间，把云南建成全国"西电东送"的重要基地。

第二节　生态立省　环境优先

云南独特的地理位置，秀美的自然风光，丰富多彩的民族文化为世人所瞩目。在 39.4 万平方公里的土地上，险峰峡谷纵横交错，湖泊、温泉星罗棋布，江河、溪流源远流长。从梦幻神秘的香格里拉，到四季如春的春城昆明，从孔雀曼舞的西双版纳，到风花雪月的大理名胜，从苍茫恢弘的"三江并流"，到万岫云烟的哀牢山脉，处处鸟语花香，生机盎然。良好的生态环境和丰富的自然禀赋，是祖先留给我们的珍贵遗产，更是我们赖以生存和发展的宝贵财富。保护和建设好云岭大地，让江河依然那么清澈，森林依然那么茂密，天空依然那么明净，大地

依然那么翠绿，是云南各族儿女共同的追求和责任。

这些年在旅游资源得到开发的同时，环境问题却也逐渐暴露出来，近年云南省水环境污染突出的问题开始进入官方视线。来自云南省环保局的消息显示，山川秀美的云南省目前环境形势依然严峻，如何把发展经济和保护环境有机结合起来，建立适宜云南的环境保护政策与管理体系成为一个亟待研讨的课题。

面临这些环境问题，一向以山清水秀著称的彩云之南开始把目光转向生态环境保护，加强环境保护，致力可持续发展是目前也是未来云南环保工作的重点，目前正在实施的七彩云南的保护行动在全体云南人的共同努力下已初见成效，云南人坚持环境优先，生态立省，坚定不移地贯彻落实科学发展观，正确处理发展与保护的关系，在发展中实现保护，在保护中促进发展。依靠科技创新，转变增长方式；发挥生态优势，壮大特色产业；推行清洁生产，发展循环经济；开展节能降耗，创建节约型社会；加强环境监督，依法治理污染；弘扬环境文化，倡导生态文明。我们努力以最小的环境代价实现最大的经济社会效益，使七彩的云南天更蓝、水更清、山更绿，实现经济社会又好又快发展，建设富裕民主文明开放和谐云南。

七彩云南保护行动实施 3 年来，在全国树起了云南切实加强生态环境保护与建设的一面旗帜，保护行动也成为全省建设生态文明，实施科学发展的重要载体和平台。实施七彩云南保护行动以来，全省加快了以滇池为重点的水环境综合治理工作，目前盘龙江、宝象河等 29 条主要入湖河道治理效果明显，牛栏江补水工程进展顺利，滇池流域污水处理厂建设取得突破性进展，以滇西北生物多样性保护为重点的生态环境保护工作取得重大进展，节能减排云南在行动取得明显成效。尽管成效十分明显，但云南省的生态环境依然十分脆弱，在未来的发展方向中,"生态立省,环境优先"依然是一项艰巨的任务,为此在未来的发展中需要继续实行"七彩云南保护行动"。

生态是生存之基,环境是发展之本。良好的生态环境和丰富的自然禀赋是祖先留给我们的珍贵遗产,更是今天和明天云南省赖以生存和发展的宝贵财富,愿明天云岭大地江河依然那么清澈,森林依然那么茂密,天空依然那么明净,大地依然那么翠绿,雪山上的神奇美景能够世世代代存在,云南的江河湖水能够永远碧波荡漾。

第三节　旅游资源与民俗文化完美结合的"云南现象"

彩云之南,风光秀美,人杰地灵,各种各样天然的旅游资源吸引着世界各地游客,云南丰富的民族文化,独特的民俗风情也为云南的自然风光增添了许许多多的文化内涵,一股"云南文化"旋风从三江并流的滇西高原,到四季如春的春城昆明,从边陲古城到首都北京,原生态歌舞集《云南映象》震撼无数观众,长篇力作《水乳大地》征服了众多读者,"七彩云南"大型民族歌舞倾倒美国,《丽水金沙》、《蝴蝶之梦》渐成文化品牌。

"舞蹈云南","文学云南","音乐云南","影视云南",云南在西部经济欠发达地区走出了一条创新发展、具有云南特色的文化产业创新发展之路。云南文化产业的异军突起,已经成为一种值得关注的文化和经济现象,专家、学者将之概括为"云南现象"。

我爱云南

在长期的历史发展进程中，以元谋猿人、腊玛古猿为代表的史前文化，古滇青铜文化、大理南诏文化、爨文化、抗战文化等构成了云南历史文化的主线，南方丝绸之路、茶马古道为代表的文化足迹至今充满着无穷魅力，世界文化遗产丽江古城……悠久的历史文化和灿烂的民族文化，正是云南重要的资源和财富。正是有了这些文化的积淀，云南的旅游产业和文化产业的发展才能充满生机和活力，每一处自然风光的背后都有着悠久的历史和美丽的传说，石林的阿诗玛，玉龙雪山的一米阳光，以及丽江古城神秘的纳西和东巴文化，亦真亦幻的香格里拉早已成为彩云之南的品牌，不断给云南注入生机。

在未来发展中，文化与旅游紧密结合依然会是云南旅游产业发展的重心，为此云南省在今年推出十大历史文化旅游项目，大力挖掘历史文化资源，聚合成更强大的动力。在千百年来的历史长河中，云南

∧ 大型原生态歌舞集《云南映象》

形成了丰厚的历史文化资源宝库，有许多历史遗迹、历史故事，譬如，元谋猿人、爨文化、古滇国文化、庄蹻开滇、秦修五尺道、南诏文化，以及云南陆军讲武堂、西南联大等。特别是近现代以来，云南涌现出许多历史名人，发生过许多历史大事，做出过重大历史贡献。推进十大历史文化旅游项目工作，需要深入挖掘，奋力打开云南历史文化资源的厚重大门，系统研究，推出一系列文化精品。

　　以大理为例，想当年金庸笔下的一部《天龙八部》让许多怀揣武侠梦的人慕名来到大理，而后大理影视剧的拍摄留下了天龙八部影视城，这个新景点再次引得游客在大理驻足，为了留客，延长游客的停留时间，弥补游客晚上行程的空缺，通过对大理的各种民间传说等素材进行艺术再创作，以声光电等高科技手段打造了一台剧目《蝴蝶之梦》。从三道茶被打造成了洱海游船上必看的一个歌舞表演节目开始，三道茶歌舞表演几乎成了许多景点的固定表演节目，同时还带动了食品加工业、旅游工艺品开发业等相关产业的发展；白族的建筑艺术精美绝伦，自古保留下来的喜洲严家大院，都成为了吸引游客到来的景点。